Perdu en mère

DU MÊME AUTEUR

Rugby, mon amour, éditions Michel Lafon, 2019

118, avenue Achille-Peretti – CS 70024
92521 Neuilly-sur-Seine Cedex
www.michel-lafon.com

Serge Simon

Perdu en mère

Michel Lafon

Le messager du désastre

Je n'épiais pas tes moindres gestes mais, depuis un certain temps, tes oublis, tes phrases trouées, tes rires nerveux éclatant au milieu de réponses inabouties, toute cette constellation d'erreurs commençait à prendre corps. De cet insensé, de cet impensé, cet impensable, émergeait un monstre au nom terrifiant : Alzheimer. Je n'étais peut-être pas le seul à l'avoir remarqué, mais j'étais bien le seul à ne pas pouvoir l'ignorer. Médecin dont le sujet de thèse n'était autre que cette maladie, je ne pouvais détourner les yeux. Je sus alors que je serai celui qui sait, qui dira, l'oracle du malheur, la vigie de ton effondrement, le messager du désastre.

Le premier jour du règne de ta fin

À mon tour de tenter, dans ce fatras de la mémoire, de me souvenir. Me souvenir de cette première fois où tu as oublié. Cette première seconde de vide apparu dans tes yeux. Cette première seconde qui a suspendu le monde à tes lèvres et portait la promesse de ton engloutissement. Cette première seconde où j'ai lu dans ton regard l'absence, où j'ai compris, et où tu as compris sans le savoir.

Papa était parti et avec lui le bruit qu'il faisait.

Papa était parti, et le monde était devenu parfois trop sage, trop rangé, trop calme. Dans cet ordre nouveau, difficile de ne pas entendre la moindre pause, le moindre soupir comme on dit en musique.

Difficile de ne pas entendre ce si petit silence. Je l'ai entendu, nous l'avons entendu.

Plus de tourbillon pour masquer ce léger repli.

Je m'en souviens maintenant.

Bien sûr ce n'était pas le premier, mais ce fut le premier de ce temps nouveau, celui de la maladie, celui du désastre en approche. L'écho à venir de ton apocalypse.

D'ailleurs, ce n'est pas un silence, un oubli, mais une hésitation. Un geste mille fois réalisé et qui ne trouve plus sa route. Un geste dont la banalité excessive porte en germe, dans son irréalisé, la puissance de l'ouragan à venir.

Nous sommes au bord de la mer, à Noël. Toute la famille est réunie. Un peu autour d'une habitude, beaucoup autour de toi.

Comme à l'accoutumée, tu t'affaires en cuisine. Nourrir les tiens est un incontournable depuis le début des temps. Façonner les éléments pour faire grandir ta descendance n'est pas un plaisir mais un devoir. La survie de notre espèce est chaque fois remise en jeu. On ne plaisante pas avec un plat de bolognaises, un champ de lasagnes ou encore une montagne de gnocchis. Le soleil rapporté d'Italie doit rayonner dans les assiettes. Personne ne doit manquer de rien. Abondance et opulence règnent en bons tyrans. Se resservir n'est pas une option, et « Je n'ai plus faim ! » ne fait pas partie de la langue vernaculaire. « Je ne te demande pas si tu as encore faim, je te demande de me passer ton assiette pour te resservir des pâtes », disais-tu simplement.

Alors, mille et une fois tu as fait et refait ce geste qui te manque en ce jour.

Comme un explorateur à la croisée des chemins, tu ne sais plus lequel prendre. La casserole en main, le torchon dans l'autre, tu suspends ton geste, immobile, sans issue. Une chose s'est brisée, sans bruit. Une chose à laquelle personne ne prête attention d'habitude. Une chose qui, comme l'air que l'on respire, n'est rien et pourtant nous permet de vivre. Une chose essentielle sur laquelle notre vie se déroule.

Un chemin que l'on ne remarque que s'il disparaît.

C'est le cas ce jour-là pour toi.

Plus rien, plus de traces devant toi. Plus de sentier sur lequel poser le prochain pas.

Casserole à la main, stoppée, comme ces bestioles prises dans les phares d'une voiture, tu t'immobilises, tu te pétrifies. Car immédiatement après cette première déflagration de la perte de repère, une autre encore plus cruelle t'assaille.

Tu te rends compte de la situation.

Tu t'es perdue à l'intérieur de toi-même, et comme le jeu de milliers de miroirs malfaisants, cette mise en perspective de ce vide microscopique t'absorbe, toi, nous, l'océan, la terre, l'univers, la vie, ta vie.

C'est le premier jour du règne de ta fin.

Dix-sept

Nous sommes au bord de l'océan. La magnifique demeure de location qui accueille notre clan est immense. La branche niçoise ayant débarqué avec toi dans ses bagages, maman, nous sommes une quinzaine à loger. Une maison de location pouvant accueillir une telle troupe n'est pas chose fréquente. Heureusement, la période hivernale nous laisse un peu de choix. Perdus dans les pins du cap Ferret, nous avons trouvé un lieu magnifique et lumineux. De l'autre côté du bassin d'Arcachon, le reflet du soleil pâle de décembre caresse tous les soirs la dune du Pilat. Ses formes rassurantes surplombent gentiment la sauvagerie des passes.

Nous sommes heureux d'être ensemble.

Tout aurait pu, aurait dû, faire de ces instants précieux, où tes enfants et petits-enfants perpétuent la tradition d'un clan bienveillant et nourricier, une page supplémentaire dans l'album familial.

Mais il y a ce moment.

Un simple moment d'hésitation pendant que tu cuisines. Un arrêt du temps, une faille, un trou de ver, dont tu reviens instantanément mais définitivement différente. Perdue dans ta propre vie, dans ce geste banal et silencieux, ton avenir est soufflé en un seul instant. Les griffes de la maladie d'Alzheimer se sont refermées sur toi. Il n'y aura donc pas de fin heureuse. Tu le sens, je le vois dans la même fraction de seconde. Je baisse les yeux. Il est temps de voir et de savoir. Je décide donc de réaliser un test diagnostic. Cela me replonge trente ans en arrière, durant mon internat de médecine générale, dont la plupart des stages se passaient en gériatrie. J'officiais dans des établissements au doux nom de « long séjour », image poétique pour signifier le caractère définitif dudit séjour. Des esprits cyniques auraient pu d'ailleurs les nommer « séjours de non-retour ». Ils étaient qualifiés péjorativement de « mouroirs », par toi notamment, maman, peu encline à comprendre pourquoi cette décrépitude des êtres me passionnait tant.

Après quelques recherches sur Internet, je constate que le test incontestable et incontesté de l'époque est toujours en vigueur. Le MMS[1] ou encore test de Folstein. Il comporte trente items, chacun noté d'un point. Réalisé en une quinzaine de minutes par une personne possédant l'expertise et le recul médical nécessaire, il permet d'évaluer sérieusement les fonctions dites cognitives qui constituent une partie fondamentale du fonctionnement de notre cerveau : notre raison, notre mémoire, notre faculté d'analyse et de perception du monde, notre conscience, notre personnalité, bref, ce qui nous définit aux yeux du monde et ce qui définit le monde à nos yeux. J'insiste sur l'obligation de disposer d'une certaine qualification pour réaliser ce test à bon escient et en traduire les résultats avec toutes les nuances d'un contexte ou d'antécédents.

1. Ou Mini Mental State en anglais.

Une fois cette précision indispensable avancée, cette quinzaine de minutes fait basculer certaines vies dans un chaos silencieux et à venir.

Le MMS évalue 6 champs de la cognition.

L'orientation dans le temps et dans l'espace. Quel jour est-on ? Où sommes-nous ?

La capacité à réaliser un ordre simple comme plier une feuille de papier et la jeter au sol.

L'attention et la capacité à réaliser des calculs simples comme partir de 100 et soustraire 7 chaque fois.

La mémoire dite de fixation : pour cela une série de trois mots sera énoncée, sa répétition immédiatement demandée, puis redemandée quelques instants plus tard.

La mémoire à long terme, le langage et l'identification, en demandant à la personne de désigner des objets simples du quotidien comme une montre, un stylo, une table…

Enfin ce que l'on nomme *la praxie constructive*, ou plus simplement la capacité à réaliser des mouvements dans un but précis à travers la reproduction d'un dessin géométrique simple.

Reste à te convaincre.

Je propose de t'emmener dans ta chambre car je veux te *parler de quelque chose*. Formule vague qui se veut anesthésiante mais suffisamment stupide pour éveiller immédiatement ton scepticisme. Toi, mon fils, tu veux *me parler de quelque chose ?* Tu me regardes avec une stupeur agacée. Te parler de quoi, et pourquoi dans ta chambre ? Je m'attendais à une réaction et savais que tous mes stratagèmes échoueraient sur ton sourire malin. Ce n'est pas au vieux singe qu'on apprend à faire la grimace. Mes gros sabots de fils/médecin à la recherche de symptômes de la maladie d'Alzheimer sont pris dans les phares de tes grands yeux noisette. J'insiste, bien décidé à profiter de ce moment de rassemblement familial pour t'évaluer. Habitant Bordeaux et toi Cros-de-Cagnes, à côté de Nice, je ne te vois pas souvent et cette semaine de Noël est une belle opportunité. Tu finis par céder.

Tu me suis en maugréant dans la chambre blanche que nous t'avons allouée, située en rez-de-jardin quelques marches plus bas. Tu ne comprends toujours pas ce que je te veux. Un test mais pour quoi faire ? Des oublis ?

Ma mémoire ? Eh bien oui, si tu ne l'avais pas remarqué mon fils, j'ai presque soixante-quinze ans, et à presque soixante-quinze ans on n'a pas sa mémoire de vingt ans. Je bredouille, me trouvant particulièrement médiocre dans ma capacité à poser le cadre de ce test. J'oscille entre ma détermination de médecin, ma culpabilité de fils, ta résistance de patiente, ton assurance de mère, le ridicule et la gravité mêlés de la situation. Bon, maman, fais-moi confiance, on fait ce test et après plus rien, je ne t'embêterai plus…

Mensonge sincère et éhonté qui t'a conduite aujourd'hui dans cette unité fermée de l'EHPAD dans lequel tu vis.

Il n'y eut pas cet *après plus rien*.

Bien au contraire, il y eut beaucoup d'autres choses…

17.

17/30. Tu me demandes, un peu moins fanfaronne qu'avant le test, si tu l'as réussi. Je ne te donne pas le résultat. D'ailleurs, je ne sais pas trop quoi dire.

17/30 est une note qui, dans ton contexte clinique, est claire. Tu as des troubles sérieux de la cognition, synonymes quasi certains, chez toi, d'une maladie d'Alzheimer déjà avancée.

Le MMS n'est pas le bac, et la moyenne ne suffit pas. En dessous de 24/30, une vigilance médicale est demandée.

17/30, c'est l'alarme !

Je te regarde, ton test entre mes mains. Je baisse les yeux sur le dessin que je t'ai demandé de reproduire en guise de fin. Il est maladroit et inachevé. « Mais qu'est-ce que tu me fais faire mon fils ? C'est idiot ce dessin, je ne suis pas une enfant. Bon, j'en ai marre, j'arrête tes bêtises. » En fait, tu ne parvenais pas à reproduire la forme simple qui sert de modèle dans le test. Je te regarde. Tu as tort, maman, tu ressembles à cet enfant que tu nies être. Ton regard est celui d'une enfant. Quelque peu inquiète, apeurée, comme après une dictée ratée, cherchant du réconfort, soumise et affectueuse, surjouant une colère douce.

Je te prends la main, te souris, te rassure.

Il n'est pas nécessaire de te dire la vérité. Tu ne veux pas l'entendre. Les quelques fois où j'ai tenté d'évoquer les troubles de mémoire qui jalonnent ton quotidien de plus en plus fréquemment, tu m'as repoussé avec un sourire énergique et sans équivoque.

« Arrête tes bêtises, Serge ! »

Tu as raison, maman. J'arrête.

Ce ne sont pas des bêtises, mais j'arrête de tenter de te dire les choses.

Pour tous les médecins, la question de ce qui doit être dit au patient est rémanente. Mon point de vue, sans prétention, est construit sur le bon sens et la simplicité. Nous devons dire au patient ce qu'il nous demande de lui dire. La vérité, toute la vérité ? Alors, disons la vérité, toute la vérité ! Une partie seulement ? Celle qui permettra d'organiser le futur ? Très bien. Entretenir l'espoir, encore et toujours, dans un mensonge, une omission bienveillante et acceptée ? Très bien aussi.

Nous devons construire une alliance thérapeutique avec le malade, comprendre son désir et ne pas partir du nôtre. Les *on-doit-tout-dire* ou *on-ne-doit-rien-dire* n'ont aucun sens. Écouter le patient, comprendre ce qu'il attend de nous et faire alliance avec lui sur les bases du contrat qu'il a lui-même édicté. Il s'agit d'un projet de vie et de fin de vie qui appartient au patient, pas au soignant.

La difficulté est d'entendre le désir du patient à travers ses paroles et ses silences.

Alors, dans ce sourire enfantin, je vois, je sens que tu ne veux pas savoir, que tu ne veux pas entendre, que tu ne veux pas que je t'ennuie avec mes « bêtises ».

En plus le poulet doit être cuit, et si tu ne remontes pas le surveiller à temps, que mangera-t-on à midi ?

Je plie le test, le remet dans ma poche.

Je ne sais plus si je t'ai embrassée car les gestes de tendresse n'étaient pas si évidents que cela entre nous. J'espère l'avoir fait car immense était la tristesse qui avait pris place dans ta chambre à cet instant.

Nous remontons à la surface des choses.

Le poulet est déjà cuit, tu avais raison.

L'Alzheimer, refuge d'une tempête sous des crânes immobiles

Derrière la maladie, le chaos, voilà ce que je voyais déjà à cette époque. J'en fis ma thèse pour mieux m'en approcher. Cette thèse tentait de donner du sens à ce qui semblait ne pas en avoir, la démence, le désordre intime, désarçonnant le cavalier le plus expérimenté. La thèse, qui portait le titre lourd de « Modalités d'entrée en démence à propos de soixante-trois sujets de l'étude Paquid classés déments à trois ans », posait la question suivante : et si cette démence était un mécanisme de protection du cerveau contre l'insupportabilité d'un autre chaos, environnemental celui-là ?

Et si ces cerveaux disjonctant à bas bruit les uns après les autres, envoyant leur propriétaire dans une stratosphère inconnue, étaient en train de se déconnecter eux-mêmes pour ne plus avoir à affronter un quotidien devenu insurmontable ?

La démence vue comme un mécanisme de protection, de survie a minima.

L'hypothèse, bien trop savante, n'émanait pas de moi mais d'un professeur lyonnais émérite : Jean Maisondieu.

Ma thèse ne faisait que reprendre cette approche et tenter de la nourrir à travers soixante-trois cas. Elle fut partisane et alimenta le propos.

J'étais ainsi persuadé que le cerveau est capable, ou obligé, dans certaines circonstances, de se mettre hors circuit si la ou les tensions internes sont trop fortes. La mort, la finitude, l'obsolescence sociale, la retraite – quelle violence sémantique si l'on considère le mot dans son acception militaire, celui d'une déroute, d'une débâcle –, tous ces concepts capitaux rejetés par nos sociétés occidentales déifiant la technologie sont autant d'infranchissables pour nombre de nos anciens. Ils n'ont plus de place, ne sont plus à leur place. Jeunisme, révolution immobilière rapetissant les habitats et excluant les personnes « improductives », diverses thèses socio-culturo-économiques ont expliqué cette marginalisation de nos anciens et de ce qu'ils symbolisent : la mort.

Il nous faut rester jeune pour continuer de consommer, vieillir jeune et mourir jeune. Pas de place pour l'échec, les faibles, le boitement et sa prothèse, l'insuffisance. La technologie nous promet l'infini de l'espace, où Mars sera notre jardin ouvrier, mais aussi celle du temps nous chantonnant à l'envi que la mort n'est qu'une question de réglages techniques à trouver. Malheureusement pour ces trompettes siliconées de l'immortalité, la seule certitude que nous ayons dans ce chaos qu'est l'univers et l'un de ses improbables développements, le vivant, c'est… le chaos lui-même. Et notamment celui à venir, celui qui désagrège tout et tous à la fin de l'histoire. Cette finitude, notre mort, est là, et ne peut être évitée. La force informationnelle, au sens où l'entendait Edgar Morin, les moyens déployés par nos sociétés et leur culture sont de nature à nous persuader un temps, celui de notre vie, du contraire. Mais quand l'indéniable survient, quand l'épreuve de réalité nous rappelle au principe de dégradation primaire, quand la liquéfaction physique et sociale devient trop apparente, il n'est pas impossible que le cerveau humain, sous la pression interne intenable de cet insensé, de cet impensé, « disjoncte ».

Maman, je te regarde, un brin joyeuse, es-tu cette réfugiée anaclitique repliée au fond de toi, à l'abri de ces vents cosmiques qui balaient nos fins de vie ?

Cette vie durant, tu as dirigé, dicté, mené. Ce sourire solaire masquait doucereusement un caractère trempé.

Nous étions un clan. Celui de ton père, mon grand-père – dont je porte le prénom radieux de Salvatore mais qu'un zélote de l'Administration française s'est cru en droit de franciser à ma naissance en un plus fade Sauveur. Une fratrie de neuf enfants nés des deux côtés de la frontière, dont deux décédés en très bas âge, un mort durant la Seconde Guerre mondiale. Restaient toi, la toute dernière, et cinq oncles et tantes aux ventres rebondis et au prénom chantant. Gino, Jojo,

Riri, Marie et Angèle. Vous alliez tous à l'école au temps des ardoises et de la guerre. Comme nombre d'Italiens, et de migrants en général, les métiers du bâtiment servirent de couveuse sociale à notre clan. Gino, puis son fils aîné, Maurice, et Jojo, devinrent ouvriers, puis chefs de chantier, puis ils créèrent l'entreprise familiale. Riri, lui, « monta » à Paris vendre des fleurs dans les rues commerçantes et animées de l'après-guerre. Il emmena sa petite sœur, toi, dans ses valises. À force de courage, de malice et de solidarité, vous prospériez dans ces années d'euphorie sociale. Ma génération vit, avec les premiers diplômes universitaires, les fruits de l'école de la République. L'intégration française fut une obsession de notre grand-père, Salvatore, au point d'abandonner sa nationalité italienne. Mais dans un paradoxe bienveillant, une des clefs de notre vie d'ex-immigrés resta la divine propension à vivre ensemble, à constituer un clan aimant, parfumé d'huile olive et de sauce bolognaise.

Et ce clan bouillonnait, éructait, ne mangeait pas mais dévorait. Mon enfance est un plan-séquence fellinien d'une durée de vingt ans.

Toi, tu ne régnais pas, loin s'en faut, car, tout d'abord, tu étais la cadette, et le vieux Gino, de près de vingt ans ton aîné, défenseur d'une certaine idée du socle stalinien familial jusqu'à ces derniers jours, tenait le rôle de monarque.

Mais tu ne te laissais pas faire. Tu étais même redoutée car offensive, et quelquefois sans pitié dans tes jugements. Tu distribuais les bons et les mauvais points. Il valait mieux être dans tes petits papiers, sinon la guerre était sans fin et perdue d'avance. Tu t'érigeais en gardienne d'un espace symbolique, celui de la famille, définissant des cercles concentriques dont les Italiens, les Battarra, étaient le centre, autour desquels les autres, les « pièces rapportées » comme vous vous amusiez à les nommer, gravitaient. Papa, mais aussi toutes les conjointes et tous les conjoints de la fratrie. Enfin, les autres, amis, connaissances, qui eux étaient « des étrangers ».

Nous, les enfants de la troisième génération, étions couvés. Comme ces manchots gardant la progéniture du groupe à tour de rôle durant les longues périodes de pêche, nous vivions dans cette communauté joyeuse et pétillante, passant de main en main sans distinction.

Puis la vie passa, Gino partit, Riri, Angèle aussi. Jojo entra dans une longue nuit de souffrance, papa mourut. Ce monde dans le monde, dont tu étais l'une des reines, s'effondra. Ce monde dans le monde, dans lequel nous avions grandi et dans lequel peu de gens avaient le droit d'entrer et de prendre place, disparut, te laissant seule, sans envie, sans désir. Tu avais tout donné à ton clan, et celui-ci n'existait plus. Ta propre famille avec tes nombreux petits-enfants t'occupait pourtant merveilleusement et tu étais la plus dévouée des grands-mères. Mais une partie de toi s'était pétrifiée, réifiée. Tu étais là, pétrissant le quotidien avec vaillance et amour comme le patoun de la pissaladière. Mais le monde, sans que nous le sachions, refermait lentement ses portes devant toi, te laissant à l'extérieur. Le monde dans toute son étrangeté et sa sauvagerie ne voulait plus de toi. Tu ne lui étais certainement plus utile. Tu avais participé à son économie humaine durant toutes ces années, mais là tu devenais improductive, inutile, et peut-être même gênante. Tu avais été enfantée, puis avais enfanté à ton tour. Tu avais fait négoce, accroissant un peu le monstre du capital. Tu avais commercé avec tes semblables autant que tu le pouvais, laissant à papa les rondeurs nécessaires pour parler aux autres, et préférant te consacrer au sang de ton sang. Mais aujourd'hui, tu ne faisais plus négoce, tu ne commerçais plus avec tes semblables car ces étrangers qui ne t'avaient jamais vraiment intéressée, et dont papa s'occupait, étaient soit morts, soit loin depuis son départ, et les tiens, ton sang, mouraient les uns après les autres. Tes enfants, mon frère et moi, étaient maintenant livrés à leurs propres turpitudes d'adultes, dont tu étais exclue. Tes petits-enfants grandissaient, se multipliaient même, peut-être trop, pouvant te donner la vague impression que cela, comme le reste, les amis de papa, tes fils, le monde, t'échappait, s'échappait.

Alors devant ce mur infranchissable du déclassement social, du rejet relationnel et du sentiment de l'impensable inutilité humaine, devant l'impossibilité plastique de concéder du terrain sur les terres de ton royaume passé, ton cerveau n'aurait-il pas choisi la facilité, celle de créer les conditions d'un bonheur artificiel et dégénéré ?

Le professeur Maisondieu le pensait, lui, ma thèse ne le contredit pas, et rien ni personne ne pourra totalement infirmer cette hypothèse d'un cerveau auto censeur d'une réalité devenue insupportable et insupportée.

Je te regarde et imagine le processus de destruction massive à l'œuvre dans ton cerveau depuis maintenant six ans, affectant des millions de neurones dans leur fonctionnement. J'imagine la machinerie biologique déréglée et déréglant qui, devenue folle, interprète les données les plus basiques, déforme le socle de l'information et tous ses corollaires, construisant ta perception du monde. Distordant le temps et l'espace, transformant ton cerveau en laboratoire quantique avec ses propres trous de ver qui te font passer d'une époque à une autre sans effort mais dans une certaine confusion tout de même.

Nous ne saurons probablement pas si le professeur Maisondieu avait raison ou pas.

En revanche, ton histoire rejoint toutes celles que j'ai étudiées dans ma thèse. Celles de personnes déclassées, dégradées par la retraite et le départ des proches, celles de guerriers de la vie défaits d'avance dans un combat immobile et silencieux dont l'illusion d'un abri se présente à travers cette maladie au lent venin.

L'Alzheimer, refuge d'une tempête sous des crânes immobiles.

Au bout, le chaos

Soixante-trois « sujets » étudiés dans ma thèse et auxquels rien ne te rattachait, sinon moi, étudiant impétrant, inconscient de t'avoir, à cette époque, mise face à ton sombre avenir. Je soutins cette thèse en 1993. Tu étais encore jeune et belle alors que la maladie d'Alzheimer n'était que l'ombre d'elle-même. Une petite start-up à laquelle peu de gens croyaient dans le monde sanitaire. Je me souviens de la soutenance et de la cérémonie amicale qui s'ensuivit. Nous avions choisi un lieu pour le moins inhabituel, un restaurant Italien. Autant par attachement familial, par relations amicales, que par tendance iconoclaste. Tu brillais, virevoltais au milieu des nappes en papier, des bouteilles graisseuses et triomphantes de pili-pili attendant leurs pizzas.

Tu étais fière même si tu n'avais rien compris à cette thèse absconse, ténébreuse. Le choix de la maladie d'Alzheimer comme sujet d'étude ne t'avait guère enthousiasmée. « N'y a-t-il pas d'autres sujets plus intéressants pour toi, mon fils ? Qui s'intéresse à ces vieux déments, inguérissables, parqués dans des mouroirs ? » Moi, maman. Et j'avais tenté de te convaincre que derrière le masque tordu de cette démence, derrière les premiers pas publics de cette maladie, ce début de quelque chose que l'on ne mesurait qu'entre spécialistes, derrière le quotidien difficile des établissements spécialisés, derrière les clichés sombres des fins de vie dégénérées, derrière l'incontinence absolue, le mutisme agressif, l'aliénation, les corps entravés, les nudités décaties, derrière ces restes de rien blottis dans un regard, se cachaient la source, la clef du mystère, les clefs de notre existence. Derrière ces masques livides, pour qui savait jouer les archéologues thanatologiques, se trouvaient, ensevelis sous les décombres de toutes ces vies, deux trésors. L'un lumineux, l'autre sombre.

Tout d'abord la vie, celle de toutes ces personnes dont il fallait dépasser les cris, les éructations, les insuffisances en tout genre, les glaires, les humeurs répandues et celles à répandre, les peaux abîmées, les miasmes sauvages, les esccarres rugissantes. La vie. Leur vie était là. Tapie dans l'ombre de l'oubli. Elle était recroquevillée quelque part, effrayée par la déroute furieuse qui s'abattait sur le reste. Grelottante, rétive, muette, elle était pourtant là. Ces gens avaient vécu, aimé, dansé, fait l'amour. Ils avaient été des salauds, des braves gens. Ils avaient eu des rêves. Ils les avaient abandonnés comme tout le monde. Ils s'étaient embrasés. Ils s'étaient embrassés. Ils s'étaient détournés. Ils s'étaient résignés. Ils avaient étreint, pleuré, regretté, eu honte. Ils avaient aimé et trahi. Leur corps décharné, langé comme celui d'un nourrisson, avait eu mille amants et les avait ensorcelés de savantes habiletés. Cette épave baveuse avait été capitaine d'industrie ou artiste peintre aux multiples petits-enfants.

La vie, leur vie, existait dans un recoin, dans un râle, en morceaux. Leur cerveau ressemblait à ces photos d'après-guerre montrant une ville dévastée par une pluie de bombes. C'est ainsi que je me représentais cette maladie. Ou plus exactement le cerveau effondré par cette maladie. Un champ de ruines, laissant ici ou là un pan d'immeuble ne tenant que par un souffle. Sur ce pan de mur, un numéro, un nom de rue à moitié emporté et une histoire évanouie. Et puis un sentiment. Une peur, une angoisse. Celle de la mort, passée ou à venir.

C'est le second trésor que je trouvais à ces anciens déclassés. Ils affrontaient la mort dans un processus insoutenable. Et avec eux, toutes les personnes accompagnantes. Soignants, familles, tous se trouvaient confrontés à ce que nous tentons perpétuellement de fuir : notre finitude. Dans ces établissements accueillants des personnes dépendantes, ces « mouroirs », comme tu disais maman, la mort est partout. Elle est vivante. Elle vous accueille, elle vous entoure, elle vous embrasse, elle vous sourit, elle ne vous lâche pas d'un pouce. Elle s'expose les cuisses ouvertes.

Les personnes dépendantes agonisent au ralenti. Elles glissent vers la mort à la vitesse de l'escargot. C'est une course immobile dont l'issue est connue de tous. Parfois redoutée, souvent souhaitée, toujours tue. Tout ce monde, plus qu'ailleurs, attend la mort sinon la désire. Le fils désespéré de voir son père se liquéfier, l'épouse épuisée de ces années de combats perdus, la fille honteuse de ce père transformé en aliéné, le soignant las de ces hurlements animaux, la personne dépendante effrayée parfois de ce qu'elle est devenue. La mort est dans tous les regards, dans toutes les paroles, dans le bonjour, dans l'au revoir, dans le bon appétit. La mort est souveraine, et tranquille. Elle est chez elle. Vous êtes sur ses terres. Elle vous domine. Elle a pris ces personnes en otage, comme des suppliciés sur la place publique. Elle nous montre, à travers les tableaux mystiques de ces vieux déments et démentes, ce qu'elle est capable de faire à quiconque aurait la malencontreuse idée, ou l'envie, de l'oublier. Elle nous expose ainsi sa puissance de décomposition, comme un artisan son travail, un artiste ses œuvres. La mort dégénère, elle émonde, elle gâte, elle pourrit, elle infecte. Tout ce qu'elle fait sous terre, dans les cimetières, elle nous le montre à ventre ouvert dans ces établissements. Elle nous inflige fièrement son incroyable pouvoir de désorganisation du vivant, sa capacité infinie de diffraction de la matière. Nous ne voulons plus aller dans les cimetières, nous ne voulons plus regarder la vérité en face, nous ne voulons plus aller à la mort, mais, tel un funeste Lagardère, la mort vient à nous. Encore plus violemment, en suppliciant ces corps décharnés et en nous les exposant sans fin.

Et nous, personnel, étudiant, médecin, soignant, famille, nous sommes contraints de baisser la tête et de nous soumettre. Nous sommes obligés de garder les yeux ouverts sur ce désastre en marche. Comme le pathétique héros du film *Orange mécanique* et ses écarteurs de paupières, nous sommes condamnés à regarder les nôtres se noyer en silence.

Quel autre endroit de la vie nous offre cette confrontation aussi directe avec la mort ? Quelle autre circonstance nous emmène aussi près du précipice ? Quel autre théâtre nous donne autant à voir la signature de la mort ?

Au bout, le chaos

Ce vivarium mortuaire où les corps décrépis pourrissent sur pieds est une épreuve extrêmement violente, mais aussi extrêmement riche. Car dans cette folie meurtrière de la sénescence, se cache la force de vie. Le miracle du vivant. C'est un combat à ciel ouvert. Celui que mènent depuis des milliards d'années les forces organisatrices et les forces désorganisatrices qui régissent l'univers jusqu'à ses confins. Ces personnes âgées, dont toi maman, sont l'incarnation de la loi d'airain du second principe de la thermodynamique : au bout, le chaos !

Le bouquet de la joie infinie

C'est la fête des Mères, ou bien ton anniversaire, je ne sais plus. Nous avons déjeuné en famille, sur les hauteurs d'Antibes, à Valbonne. Nous glissons vers les beaux jours, et celui-ci, particulièrement, se présente telle une promesse. La douceur de l'air, les couleurs du paysage ravivées par un soleil enfin décidé à abandonner sa timidité hivernale, un repas familial aux senteurs méditerranéennes, cette journée nous caresse les sens. Les rayons du soleil rebondissent sur toi, tendrement. Tu souris et discutes. Ayant abandonné la formulation de questions depuis bien longtemps, tu t'essaies courageusement à quelques réponses. Tu te lances dans des phrases comme une cavalière s'efforçant de rester en selle. Ce rodéo sémantique te laisse à terre au bout de quelques mots, éjectée de la phrase sans l'avoir vu venir. Mais cela n'a pas d'importance. Nous avons compris depuis longtemps que les sentiers de ta pensée se perdent pour la plupart, te laissant souvent au milieu d'un silence. Qu'à cela ne tienne, tu es toujours là, assise, et nous tout autour de toi dès que l'occasion se présente, comme aujourd'hui. Perdue dans tes pensées ou perdue tout court, les jours t'enserrent dans un doux tourbillon que nous tentons d'entretenir et te mènent dans la danse du quotidien sans trop d'anicroches. La vie et nous faisions semblant, d'un commun accord. Ce jour-là, donc, je t'offre un bouquet de fleurs – exercice compliqué, tu en avais vendu durant plus de vingt ans. Tu aimes certaines fleurs et en détestes d'autres. Par-dessus tout, tu es intransigeante quant à l'attention portée à la confection du bouquet. En une seconde, l'offrande est acceptée ou rejetée. Ou plus exactement la personne qui l'a créé est adoubée ou vouée aux gémonies de la profession. Pire encore, il n'est pas question de t'offrir des bouquets issus de ces chaînes de fleuristes sans âme qui pondent des bouquets bon marché comme les distributeurs de boissons des canettes en aluminium. Tu aimais confectionner les bouquets « pour offrir », à l'époque où tu trônais dans ce magasin du 17e arrondissement de Paris, rue Lebon. Un magasin d'angle qui éclairait de sa symphonie florale une rue grouillante de commerces. Fromagers, bouchers, charcutiers, poissonniers, tous étalaient leur royaume chaque matin le long du trottoir. Une rue-monde pour le gamin que j'étais. Chaque commerce était un pays avec sa langue hurlée pour attirer le chaland et ses couleurs convenues portées par les tentures des magasins. Le blanc lacté du fromager, l'inévitable rouge sang pour le boucher mitoyen, les jaune et orange hespéridés pour le primeur d'en face, le bleu océanique pour le poissonnier du marché couvert. Et pour nous, un vert puissant et sombre sur lequel se détachait le nom du magasin dans une typographie imitant une écriture manuscrite sèche et décidée :

Les Halles aux Fleurs. Vivre et travailler au milieu des fleurs te valait chaque jour des remarques affables qui manquaient leur cible.

Vous avez de la chance madame Simon, vous faites le plus beau métier du monde. Alors, un sourire figé, sous lequel tu présentais tes mains rongées par le froid et les coupures, installait un silence gêné qui faisait reculer le laudateur malheureux. C'était un très beau métier, mais il n'était pas aussi doux que les fleurs qu'il permettait d'offrir. Cependant, je pense que si tu n'aimais pas vraiment ce métier, tu en aimais le but : le négoce de rue. Le commerce avec les clientes et les clients qu'il fallait accrocher, séduire et fidéliser. Un véritable art où se mêlent un brin de psychologie, un peu de suggestion, de la séduction parfois et la capacité à ne jamais perdre de vue le seul objectif qui vaille : la vente. Ce mélange de pragmatisme commercial enrobé de papier cadeau te convenait assez. Comme cette vie en communauté avec les autres commerçants de la rue que les horaires et modes de vie rapprochaient. Si toi, tu te plaignais de tes mains, j'ai le souvenir que chaque métier s'accompagnait de son lot de stigmates. La famille du fromager portait les effluves puissants de ses produits comme une seconde peau, nuit et jour. Les membres de la famille bouchère-charcutière engraissaient jour après jour tels les magnifiques cochons à la peau luisante, suspendus morts au milieu de leur magasin. Et que dire des poissonniers qui, tels des pestiférés, n'invitaient personne chez eux tant la marée et ses odeurs régnaient en maîtres dans leur univers. Mais une fraternité de quartier existait, et tu y jouais ton rôle. Tu étais la fleuriste et, dans ce métier de fleuriste, il s'agissait de vendre quelque chose de particulier, les fleurs qui ne sont pas un produit de première nécessité. Derrière chaque bouquet surgit une histoire. Un amour naissant, un mari heureux, un amant retrouvé, une maîtresse à venir, une vieille dame esseulée, un fils tendre, un mariage, un deuil, un baptême. Les fleurs sont des messages, les clients en sont les auteurs. Nous en étions les interprètes, et la confection d'un bouquet relevait de cette science. Tu la maîtrisais pleinement.

Alors oui, t'offrir un bouquet mérite quelque attention. Celui que je t'offre aujourd'hui t'a plu. Tu ne le dis pas mais l'absence de remarques négatives vaut approbation. En tout cas, tu es contente et me remercies d'un beau sourire. Nous mangeons, et, après le repas, tu désires que l'on te ramène chez toi, dans l'appartement que tu occupes encore à Cros-de-Cagnes. Quelqu'un te raccompagne. Le soir, je te rejoins. Comme tu as oublié les fleurs chez Éric, je les emporte. Devant ta porte, je sonne, bouquet en main. Tu ouvres et, sans malice, je te le tends. Tu ne me laisses pas le temps de commencer à gentiment te reprocher d'avoir oublié le cadeau que je t'ai fait. Le même sourire que celui de midi éclaire ton visage, et tu me remercies chaleureusement... une nouvelle fois. J'en suis joyeusement soufflé. Tu as complètement oublié que je te l'ai déjà offert quelques heures auparavant. La joie est exactement la même. Le bouquet n'ayant pas été défait puisque nous déjeunions chez mon frère, l'approbation de la confection aussi. Bien sûr, trop content de cette seconde vague de bonheur, j'encourage le subterfuge que ta mémoire vacillante a concocté et joue pleinement le jeu du fils débarquant un bouquet pour sa mère à la main. Deux bouquets pour le prix d'un ou plus exactement un même bouquet pouvant être offert à la même personne *ad lib* et provoquant la même joie.

Je vécus ce jour-là une révolution commerciale putative. Qui sait, un jour peut-être, un fleuriste alchimiste mettra au point l'élixir amnésiant permettant le miracle du bouquet de la joie éternelle ?

Cette maladie, tel le clown blanc sur son fil liant tragédie et comédie, sait avoir des élégances pour rendre supportable ce qui ne peut l'être.

La couleur des platanes

Tu me souris, maman.

Lorsque tu me vois, un sourire éclate à l'intérieur de ton visage. Telle une goutte d'eau sur le sol, une onde à la surface de la mer, il part du centre et s'étend en cercle jusqu'aux confins de tes joues. C'est un cercle de feu, un cercle de vie, une fine vague caressant ta peau froissée d'une ondulation lumineuse.

Ces sourires sont si beaux. Ils sont si doux. Ils sont si bons.

Puis tu ne souris plus. Ton sourire s'enfuit, disparaît. Ta peau reprend la couleur terne de ta vie. Ton visage redevient figé, minéral. Ton regard se perd à nouveau dans tes yeux, et le monde y sombre. Tu ne bouges plus. Tes rides sont des crevasses sèches d'où naissent des montagnes de pierres et où déambulent des monstres sans vie.

Puis ton sourire revient.

Ces sourires viennent du passé. Celui d'un dimanche ensoleillé où tu trônais derrière le comptoir du restaurant que vous teniez, avec papa, sur les hauteurs de Nice. Les tables de la grande terrasse de gravier blanc offraient une vue sur l'arrière-pays niçois et le jeu de boules. Les clients qui s'attardaient profitaient de la douceur qui règne sur les collines entourant la ville.

Malgré la réussite du magasin de fleurs qui avait fini par procurer un peu de confort à ta vie de fille de sans-papiers italiens, tu avais décidé sur un coup de tête que nous devions quitter Paris pour retrouver le soleil de la Méditerranée. Comme d'habitude, papa avait suivi, en maugréant, mais il avait suivi. Vous voilà exerçant un métier auquel vous ne connaissiez rien, ce qui ne vous inquiétait guère. La vie ne vous ayant pas fait de cadeaux, elle vous avait octroyé quelques capacités à résister à ses caprices. Cependant, ce quotidien de restaurateur regorgeait de difficultés, de pièges et d'obstacles. À commencer par les chefs cuisiniers et leurs manières de diva. Trente années en tant que commerçants parisiens, qui avaient démarré en vendant des fleurs sur un charreton de rue, avaient forgé chez vous une certaine idée de qui était le patron dans une affaire, surtout la vôtre. Alors chef ou pas chef, diva ou pas diva, celui ou celle qui vous prendraient pour des imbéciles dans votre propre commerce n'étaient pas encore nés.

En attendant la perle rare, qui ne vint d'ailleurs jamais, les candidats défilèrent au poste.

Sans réseau, vous recrutiez au petit bonheur la chance. Les meilleurs tenaient quelques semaines, les moins robustes quelques jours, sans compter ceux qui, envoyés pas l'ANPE, ne montraient guère de velléités ne serait-ce que de dépasser le simple entretien d'embauche.

D'ailleurs, dès leur arrivée, à ceux qui restaient, tu assignais une date de péremption. Celui-ci tiendrait huit jours, celui-là peut-être une douzaine, cet autre ne passerait pas le grand mariage de dimanche.

Ils étaient jeunes ou vieux, gros ou maigres, alcooliques ou sobres, ils ne faisaient jamais l'affaire.

Je me souviens d'un en particulier.

Nous étions dans une mauvaise série. Deux ou trois chefs avaient valsé dès les premières mesures pour aimer un peu trop la picole.

Celui dont je me rappelle portait fièrement sa soixantaine, incarnée par de jolis cheveux blancs que la couperose sur ses joues faisait gentiment ressortir. Il avait une bouteille d'Évian à la main, qui ne le quittait jamais, comme un étendard attestant de sa récente sobriété, dont il se vantait volontiers. Papa, optimiste par nature, y vit un bon signe. Toi, plus sceptique, tu n'y crus pas un seul instant.

Je me souviens de la scène finale.

Nous mangions vers 11 heures, avant le service de midi. Un baptême d'une centaine de personnes devait remplir la salle. Le repas du personnel, que nous partagions tous les jours, démarra dans la joyeuse confusion habituelle. Au bout de quelques minutes, l'un des employés s'inquiéta de l'absence du nouveau chef. Les minutes passèrent, et les conversations convergèrent toutes vers ce qui commença sous forme d'énigme pour finir en réelle inquiétude. Le repas prit fin. Sans le chef. Chacun repartit vaquer à ses occupations, sauf toi qui te lanças à sa recherche.

Je t'entendis crier le prénom de papa, « Alex ! » Je sus au ton employé que les nouvelles n'étaient pas bonnes.

Tu avais retrouvé l'impétrant cuisinier, ce qui aurait dû être une bonne nouvelle à quelques minutes du début du service. Mais son état infirma d'emblée cette heureuse hypothèse.

J'accourus, pressentant que nous allions assister à l'une de ces scènes tragicomiques qui jalonnaient cette aventure professionnelle particulière.

Je me frayai un chemin afin d'être aux premières loges.

Papa était devant la porte, ouverte, de la chambre froide. Tu te tenais un peu en arrière. Ce que je vis ressemblait à une scène de Charlie Chaplin.

Le chef était assis par terre, l'une des deux grandes vasques de sangria renversée sur sa tête, les tranches d'oranges macérées disposées en collier désordonné du plus bel effet. Auparavant, la sangria reposait sur une étagère en attendant d'être placée sur la longue table où serait dressé le buffet.

Le chef était à moitié assommé, et l'autre moitié ivre.

Mon père le souleva de terre comme un enfant, le tira par le col et, dans mon souvenir, lui fit dévaler la route qui nous reliait à Nice à grands coups de pied dans le derrière.

Toi, tu restas un petit moment les bras croisés avant de remplacer au débotté cet ivrogne, celui-là comme les autres.

Habituée aux tablées familiales italiennes de tes six frères et sœurs depuis ta plus tendre enfance, cuisiner pour un grand nombre, même celui d'une salle de restaurant pleine, n'était pas un déplaisir pour toi. Et souvent, les tantes, solidaires, venaient nous aider à tenir la boutique tanguante. Le Pigeonnier, c'était le nom de ce restaurant, n'était pas une adresse renommée, seulement un endroit fréquenté par des habitués à la retraite recherchant la fraîcheur des platanes centenaires.

Cependant l'habitude légitime l'attente, et l'attente peut nourrir la déception.

La cuisine y était familiale. Le gigot du dimanche officiait tous les week-ends et parfois même en semaine entre de sobres tomates à la provençale et de joyeuses pommes de terre persillées. Les plats de lasagnes, de pâtes en tout genre, se mêlaient aux gratins et autres mets simples.

Parfois, cela se passait bien. Parfois moins. Et si la grogne se faisait trop palpable, alors, armée de ce sourire contenant difficilement ta colère contre cette nouvelle vie harassante, tu passais la tête dans le passe-plat afin de mesurer l'ampleur des dégâts.

Ces sourires d'aujourd'hui sont à la fois les mêmes et si différents de ceux que tu décochais aux piques de ta vie passée.

Alors, enserré dans une douce nostalgie, je te regarde.

Je te regarde sourire, maman, et je cherche dans ce sourire venu de loin les odeurs du restaurant et la couleur des platanes.

Les généraux défaits

Tu ne peux plus rester à la maison, maman.

Tu es en danger. La menace est partout. Tout autour de toi. Avec l'accord de l'armée d'aidantes professionnelles (infirmière, femme de ménage, aide à domicile, etc.) qui se relaient au fil de la journée, nous avons tout cadenassé. Le frigo dont tu dévalisais en une heure les réserves préparées pour la semaine, les armoires dont tu ne te sers plus, le débarras de papa où son fantôme pourrait te tendre des pièges, ta propre vie te referme ses portes à la figure.

Même ton propre appartement te signifie que tu n'es plus la bienvenue, qu'il serait bon que… que l'on ferait mieux de… bref que ce serait bien que tu partes en institution.

Et c'est vrai. Cruel, mais vrai.

Pour toi, la maison est devenue un champ de mines que tu traverses toute la journée, inconsciente du danger. Ici, un des feux de la cuisinière qui pourrait, dans un de tes milliards d'oublis quotidiens, rester allumé sous une casserole de je-ne-sais-quoi, la transformant en départ d'incendie meurtrier. Là, cette même cuisinière dont un brûleur éteint mais laissé ouvert transformerait l'immeuble en une bombe prête à exploser à la moindre étincelle.

Mais ce ne sont pas les seuls pièges que ton ancienne vie vient dresser au cœur même de ton intimité.

Le balcon donnant sur le parking ou la terrasse s'ouvrant sur la mer peuvent devenir, dans un épisode de confusion pas si extraordinaire que cela, une issue plus facile à franchir que la lourde porte d'entrée de la maison, souvent fermée sur toi. Je t'imagine très bien enjamber l'une ou l'autre des deux rambardes pour aller chercher du pain, ou ta sœur, Marie, qui habite dans un des immeubles cossus du front de mer, de l'autre côté de la petite église du Cros-de-Cagnes.

Le monde n'étant plus qu'une chose sans dessus ni dessous, sans hauts ni bas, l'idée d'un tel raccourci vertical pourrait germer dans ton cerveau au fonctionnement excentrique.

Tout aussi probable, le fait que le concept de pesanteur et le danger qu'une telle chute puissent réduire ton cerveau malade en bouillie au contact du coin de bitume sont des pensées bien trop complexes pour contrer ta nouvelle logique.

Bref, ton appartement, à l'instar du monde tel qu'il t'apparaît, est un enchevêtrement de pièges et de dangers que tu es incapable de déchiffrer.

Alors mon vécu de médecin me susurre à l'oreille la venimeuse musique de ton institutionnalisation, mot clinique, technique, tendant à adoucir la réalité sombre de ton placement en maison spécialisée.

Reconnaissons que cette maladie a le mérite de la franchise funeste. Elle ne cache rien de son dessein délétère. La route est tracée dès le premier symptôme. Le patient, la patiente, les soignants, les accompagnants, nous sommes tous certains que tout finira dans le délabrement le plus total, la seule alternative joyeuse consistant à proposer une mort brutale par incident intercurrent.

Youpi !

Point de rémission possible, point de répit ni d'éclaircie à l'horizon, seul le pire est à venir.

Cette certitude chevillée aux effondrements du quotidien constitue les bases d'un exercice sombre et délicat. Celui d'évaluer le moment où il faudra te sortir de ton appartement.

Pourtant l'équation n'est qu'à une seule inconnue.

En effet, nous savons que tôt ou tard nous serons confrontés à l'inéluctable, celui du train de la déchéance et de son chapelet de gares morbides, l'oubli massif, la désorientation, la confusion, la perte des repères, la filiation perdue – ma mère ne me reconnaît plus – l'incontinence, les insultes, le silence, les cris animaux, la mort.

La seule chose que nous ignorons est la vitesse à laquelle le patient est précipité le long de ces rails d'épouvante. Plus compliqué encore, cette vitesse ne peut et ne doit être devancée.

Autrement dit, il s'agit de respecter – si tant est que l'on puisse évoquer le respect pour cette maladie qui considère notre cerveau comme le charançon, la farine – le tempo qu'elle nous impose. Ne pas être en retard sur la déliquescence qui te massacre afin de ne pas t'exposer à un risque inconsidéré, et dans le même temps, ne pas la devancer afin de profiter de ce que nous pouvons encore vivre ensemble.

Protéger sans abréger, supprimer sans amputer, prévenir sans exiler.

Ce chemin de crête entre protection légitime et anticipation toxique des effets inéluctables de la maladie est à redessiner tous les jours. Balancier infernal entre résignation et révolte, les décisions se prennent à l'aune des dégâts constatés, de l'angoisse qu'ils génèrent, de l'espoir qui s'émiette et de la certitude que tout cela se terminera dans la liquéfaction totale.

Nous savons que ce moment arrivera mais il ne se présente pas en tant que tel. Ma famille et moi, et tous les accompagnants des malades comme toi, maman, devons le pointer, le reconnaître, sinon le provoquer.

Nous devons acter cette dernière défaite face à la maladie. Nous devons, tels des généraux étrillés, nous asseoir à la table de l'humiliation et signer le traité des vaincus.

Le choix du moment où cette décision doit être prise a fini de peser sur notre quotidien car pour toi, maman, le temps est venu de t'extraire de cet appartement-prison dont tu pourrais t'envoler par des moyens loufoques et contraires aux principes de la gravité.

Chaque jour plus menaçant que la veille, nous devons te mettre en sécurité et cesser ce bricolage qui entasse les aidants, professionnels et familiaux afin de réduire les moments où tu restes seule, désarmée, face au vide.

Le médecin que je suis sait qu'il est temps. Mais le fils que je suis n'est pas encore totalement résigné, quant à ma famille, pour elle, comme pour tous les aidants non professionnels de santé, ce sujet est une torture.

Depuis ma thèse, qui date de près de trente ans, je n'ai pas constaté d'amélioration quant à l'accompagnement de cette maladie en général et de ce moment en particulier. Il serait pourtant normal que, le diagnostic étant posé, une équipe spécialisée puisse aider dans cette étape fatidique.

Reconnaître cet instant, s'y préparer moralement, opérationnellement, accompagner psychologiquement, trouver la bonne institution et construire, étape par étape, le transfert du domicile au nouveau lieu de vie, autant de paliers à franchir pour lesquels une assistance aux familles serait nécessaire.

Mais cela n'existe toujours pas.

Maman tu as la maladie d'Alzheimer et nous, ta famille, devons improviser ce chemin irréversible vers l'EHPAD sans que cela déclenche en toi une résistance que nous aurions du mal à supporter tant le poids de la culpabilité nous accable.

J'oscille entre le point de vue du médecin que je suis et celui du fils que je reste.

Je tente de préparer psychologiquement la famille sans presser la séquence douloureuse. De plus, étant éloigné géographiquement, je ne peux pas gérer un quotidien de plus en plus lourd et angoissant pour tout le monde.

Alors, je rassure les uns et les autres après chaque épisode déroutant et je prépare à cet inévitable sans anticiper comment nous allons l'accomplir, et j'attends.

J'attends, nous attendons, mais sans trop savoir quoi.

Les jours passent, les événements délétères aussi. Tu fugues, tu fais des crises d'angoisse, tu t'enfermes toute seule, tu te perds dans ton appartement de quatre-vingts mètres carrés, tu perds la télécommande, la télécommande te perd, te coupant de ta seule fenêtre sur le monde, la télévision.

Tu restes des heures devant l'écran noir de cette télé éteinte. Chaque fois, l'édifice familial tremble, nous rapprochant du moment crucial. Je guette, j'évalue, échange le plus possible avec les membres de la famille. J'essaye de ne pas presser les choses, de laisser l'idée de ton institutionnalisation s'installer naturellement tout en cherchant les moyens de la rendre la plus fluide possible. Chaque jour je me demande comment les familles qui n'ont pas un médecin parmi leurs proches se débrouillent avec ce quotidien insensé, impensé et terriblement chargé d'émotions.

Nous savons tous que nous devons t'arracher à ta vie en lambeaux et t'enfermer définitivement, inévitablement, là-bas dans cet ailleurs qu'est ta maladie.

Ici, dans ton appartement, tu es encore notre mère, notre grand-mère, là-bas, je ne sais encore où, tu seras un dossier, un planning, un traitement, une chambre, une carafe d'eau en plastique vert ou bleu.

Ici, nous continuons à jouer la comédie car le décor et les costumes nous le permettent, là-bas, la vérité crachera sa malédiction sans retenue. Cette vérité, ta maladie, sa fin inexorable, prendra corps et sans nul doute se nourrira d'elle-même et de toi un peu plus vite. Enfin, reconnue par toutes et par tous dans sa plénitude, dans sa puissance, enfin estimée à sa juste valeur, elle déploiera ses sombres ailes et les refermera inéluctablement sur toi.

Nous attendons, certains de la chute, mais lâchement contents de pouvoir profiter encore quelques mois, quelques jours, ou même quelques heures de tes derniers instants de liberté, de dignité.

Puis, ce jour arrive, attendu et redouté, c'est un problème de vessie nécessitant ton hospitalisation qui joue le rôle de déclencheur.

En quelques heures tu passes de ton petit intérieur coquet à la chambre anonyme d'un hôpital, et de cette chambre d'hôpital à celle d'un EHPAD.

L'hospitalisation est en effet une occasion à saisir. Je saute dans un avion afin d'accompagner ce moment important.

L'idée est simple. Travailler avec l'équipe hospitalière afin de trouver un point de chute adapté.

Permettre à la famille d'éprouver ton transfert dans un autre univers, celui de l'hôpital, en constatant que tu n'y es pas plus mal et même que tu y trouves certains avantages.

Cela se passe ainsi.

Le service est accueillant, mon réseau amical et médical a bien préparé la séquence. L'équipe est au courant de ce *momentum* et prête à nous accompagner.

Le constat est fait.

Tu es dépendante. Tu ne peux plus vivre seule, même accompagnée de cette armée d'assistantes de vie.

Nous attendions ces mots durs, mais salvateurs lorsqu'ils sont prononcés au bon moment et par les bonnes personnes. Nous sommes soulagés.

Reste à trouver l'établissement *ad hoc*, près du domicile familial et à la réputation rassurante, et une place vacante. La chance, si l'on peut dire, est avec nous.

En quelques heures, l'affaire est réglée.

Ta vie bascule, tu ne rentreras plus jamais chez toi, maman.

Je repars de Nice. Soulagé et triste à la fois.

Je sais pertinemment que cette décision est la bonne. Ton institutionnalisation ne se discute pas. Te laisser seule, même seulement quelques heures dans la journée, était considérablement dangereux et maléfique. Le cadre de l'EHPAD offre ce premier avantage d'assurer un continuum de présence. Tu ne seras plus jamais seule devant l'écran noir de la télévision éteinte ou la rambarde de ta terrasse.

Et cette présence continue est, j'en suis sûr, le seul traitement que nous pouvons, et devons, te proposer.

Cette omniprésence calmera tes angoisses et celle de la famille en dessinant autour de toi un univers adapté, sans pièges ni dangers.

Voilà, maman, tu es maintenant en maison de retraite. Nos dernières illusions se sont envolées sans bruit. Tu es en sécurité, loin des dangers domestiques, mais exposée, offerte maintenant, exclusivement, à la dévoration de la maladie d'Alzheimer.

Plus aucune barrière, plus aucun mensonge ne feront barrage.

Dans ton uniforme disparate et parfois grotesque, tu ressembles à ces novices que l'on s'apprête à sacrifier sur l'autel d'une divinité païenne.

Tu es en sécurité ici, c'est indéniable. Le personnel est adorable, bienveillant et compétent.

Le quotidien de chacun d'entre nous est transformé. Tu es à l'abri, prise en charge, soignée, nourrie, logée, lavée, habillée, occupée. La charge mentale ne pèse plus sur la famille. Le changement est spectaculaire.

Cependant, la tristesse de ton regard nous rappelle sans malice que nous sommes maintenant ces généraux défaits ayant signé ton abdication irrévocable.

À quoi bon ?

Parfois, j'ai l'impression que tu es effrayée. Que la peur est immense. À la hauteur du vide, du rien, qui a envahi tes pensées. J'essaye de lire sur ton visage les chemins que tente d'emprunter ton esprit. J'imagine ta quête. Qu'est-ce qu'une pensée comme la tienne ? Des pierres au milieu du lit d'une rivière tumultueuse sur lesquelles tu sautes les yeux fermés sans savoir si une autre rive existe ? Un labyrinthe sans issue dans lequel tu me cherches ?

Qu'est-ce qu'une pensée comme la tienne ?

Un nom, une idée, puis rien ? Un autre nom, une autre idée, puis à nouveau rien ? Ou déjà plus de noms, plus d'idées, plus de rien ? Je ne sais pas. Ou bien un nom mais sans savoir ce qu'il est censé contenir ? La peur qui naît de cette absence ? La peur née de ce rien ? La peur née de cette peur ? Je ne sais pas. Je voudrais savoir pour trouver les bons mots, ceux qui pourraient te rassurer. Mais si les mots n'ont plus de sens, si tu fais juste semblant de les entendre pour ne pas m'inquiéter, à quoi bon ?

Oui, monsieur l'agent, bien, monsieur l'agent. Merci, monsieur l'agent

Tu t'es donc enfuie, maman. Une fois encore.

Une fois encore tu es partie de chez toi, seule, laissant la porte de ton appartement grande ouverte comme si, par bienveillance, tu désirais que personne ne soit bloqué sur le palier en ton absence. Comme si tu disais simplement : « Entrez, je vous en prie, je vais revenir. » Un peu comme ce mot manuscrit sur la porte d'un bureau ou l'entrée d'un magasin : « Je reviens dans cinq minutes. » Mais tu n'as pas laissé ce genre de mot. Et tu n'es pas revenue cinq minutes après être partie, en pyjama jaune et pantoufles à pompons rose fuchsia, dans les rues de ta ville. Non.

Tu es partie, c'est tout. Vers une destination, un objectif, une idée ou, plus probablement, un bout d'idée, un début d'objectif. Ou peut-être même n'es-tu pas partie vers quelque chose mais plutôt de quelque chose.

Peut-être même as-tu fui ?

Peut-être as-tu été effrayée par un monstre, le souvenir d'un monstre, l'idée d'un monstre ?

Peut-être as-tu été étouffée par l'étau de l'angoisse au point de renverser le peu d'ordre des choses te servant de vie, au point d'ouvrir la porte de l'appartement en nuisette, parée de ces magnifiques pantoufles, et de fuir au loin ?

Avant que l'on ne te retrouve, maman, tu devais être comme ces personnages de films catastrophe se retrouvant dans la rue après un séisme ou quelque autre cataclysme, projetés sur le pavé hors de l'intimité qu'ils portent encore sur eux. Hagards, ils déambulent, sans but, sans toit. Tu es cette horde errante qui, le temps de ton vagabondage impensé, semble expulsée de sa propre vie, ballottée à la surface des rues, sans cap ni gouvernail.

Que se passe-t-il dans ton cerveau pour que tu enchaînes toutes les actions qui te mèneront à la rue ?

Quelles pensées président à cette longue séquence qui ouvre la porte, appelle l'ascenseur, y entre, appuie sur le bouton du rez-de-chaussée, ouvre à nouveau la porte de l'ascenseur, en sort, traverse le hall de l'immeuble en marbre blanc, appuie sur le large interrupteur nacré déclenchant l'ouverture de la porte d'entrée qui frotte quelque peu sur le sol, la franchit, et te pose dans le flot urbain et klaxonnant de la rue ?

Quelles pensées toujours – face à la brutalité des sons de cette rue devenue étrangère, la furie que la circulation des voitures et la déambulation des piétons représentent en comparaison du calme de ton appartement – te poussent, non pas à faire demi-tour mais à t'engager un peu plus loin comme un explorateur forcené, incapable de renoncer et traçant son chemin au péril de sa vie ? Une sorte de courage insensé ? Une euphorie subite et irrésistible ? Un besoin irrépressible de voir la mer, ta mer ? Un appel imaginaire de ta sœur Marie, ta voisine, et dont le cerveau a été tout aussi dévasté que le tien par le souffle du temps ?

Tous les scenarii s'affaissent devant la triste vérité que je pense connaître. Ce n'est pas une envie vagabonde, un élan bucolique, un désir altruiste qui te pousse dans la rue, mais un besoin de fuir, de te fuir. De fuir cette insupportable oppression que tu ne sais plus nommer et qui broie ta frêle poitrine, t'empêche de respirer, étreint ta gorge et inonde tes yeux de larmes immobiles.

Je te sens étouffée par une peur indicible. Je te vois assaillie, puis vaincue dans des moments de solitude, dans cet appartement devenu *terra incognita*, entre le départ de l'infirmière et l'arrivée de l'aide à domicile, ou bien simplement à la tombée du jour après que la porte capitonnée de l'appartement s'est refermée sur le dernier visiteur, alors que se dresse devant toi, lugubre, l'insondable nuit.

Ces angoisses vespérales archaïques remontent aux temps préhistoriques où nous étions chassés autant que chasseurs, et où la nuit rebattait les cartes de la chaîne de prédation. Quand le jour s'éteint, notre esprit s'allume de signaux d'alerte ancestraux que la culture, la raison, ou bien l'apéritif du soir ont tôt fait d'inhiber dans un cerveau fonctionnel.

Notre cerveau mais pas le tien, maman.

La nuit tombée, ton cerveau, lui, libère tes fauves et tes dragons. Le film catastrophe se projette sur ton écran intérieur et te voilà en pyjama et pantoufles roses à battre le pavé sans but.

Passé l'élan qui te déposa dans la rue, quelle direction as-tu prise ? Je suis à peu près sûr que tu es partie vers la plage, un peu comme ces tortues à peine sorties de l'œuf, jaillissant du sable par salves et se dirigeant inexorablement vers l'écume. Mues par un instinct séculaire, elles battent de leurs pattes maladroites la plage qui s'étire. Cette ligne droite et immuable, dessinée génération après génération, se fracasse pour beaucoup de ces jeunes pousses sur le bec ou la pince d'un prédateur prévenu du festin à venir par ce même instinct. La vie prospère depuis des millions d'années sur cette sombre statistique de l'improbable survie de la minorité suffisante. La vie gâche, tue, sacrifie, des milliers, des millions de ses porteurs à chaque instant afin que l'un ou quelques-uns survivent et prospèrent.

Mais toi tu es seule, maman. Il n'y a pas des millions de grands-mères à pantoufles rose fuchsia et pyjama jaune dans la rue, errant sans but et sans esprit au milieu de la circulation. Alors, la civilisation qui, depuis des siècles, rationalise cette propension naturelle de la vie à la déperdition du nombre, a repris les commandes, et une bonne âme t'a saisi le bras.

Madame, vous allez bien ? Vous cherchez quelque chose, quelqu'un ? Vous êtes perdue ?

Toi perdue ? Oui, et complètement !

Mais même cela, tu ne sais pas le dire. Je suis sûr que tu lui as souri et peut-être même, dans une dernière élégance, as-tu esquissé un « non ». Perdue moi ? Non. Mais devant ton accoutrement et la lassitude de ton regard, le saint-bernard du Cros-de-Cagnes a dû insister. Il a dû te demander si tu connaissais ton adresse. Non, il a dû, modernité oblige, te demander si tu avais un téléphone ? Sourire. Si tu connaissais une personne à qui téléphoner. Re-sourire. Là, il a commencé à comprendre que tu n'étais plus dans le jeu, que tu avais peut-être quitté la table depuis un moment. Et décelant dans tes yeux un trait d'une profonde tristesse, y apercevant le gouffre qui emplit ta vie, il a saisi ton bras pour t'empêcher d'y sombrer mais tout autant pour ne pas sombrer lui-même. Sourire encore.

Ne vous inquiétez pas, madame, on va contacter quelqu'un qui viendra vous chercher. Vous vous appelez comment ? Sourire toujours. Vous connaissez votre adresse ? Sourire. Vous avez des papiers ? Sourire, sourire et sourire encore…

Et puis quoi encore ? Ce serait trop simple.

Cela dit, nous avons pensé, après tes toutes premières fugues, te mettre un bracelet avec une adresse et un numéro de téléphone. Nous ne l'avons pas fait. Autant par effroi de concrétiser un peu plus le désastre que par gêne de te baguer comme un poulet.

Pas facile pour des enfants de mettre un collier de chien à leur mère. Alors, nous ne l'avons pas fait, croisant peureusement les doigts et fermant lâchement les yeux.

Ne vous en faites pas, madame, on va trouver une solution. Des solutions, il n'y en a pas des mille et des cents. Bon, eh bien, on appelle la police. La police ? Pourquoi la police ? Y a-t-il eu un accident ?

Non, madame, c'est pour qu'ils s'occupent de vous, ce sera plus simple. Plus simple, plus simple. C'est vite dit. Pas de papier, pas de collier, pas de bracelet, plus de cerveau. Seulement un pyjama et des pantoufles à pompons rose fuchsia.

Vous allez nous suivre au poste, madame, nous allons faire les recherches nécessaires auprès des services sociaux.

C'est ainsi que, je ne sais plus comment, ils nous retrouvèrent et nous informèrent que tu étais en promenade sur le bord de mer, en ce début de soirée d'automne, seule et en tenue de nuit, te dirigeant vers les grands immeubles de Marina Baie des Anges qui eux non plus n'ont pas très bien vieilli.

Quand nous sommes venus te récupérer au commissariat, maman, une fois la peur passée, la famille a tout de suite ressenti la pesanteur du doute s'installer dans les questions de l'agent de police, bon bougre zélote et maladroit.

Vous laissez seule votre maman ? Oui, monsieur l'agent. Ce n'est pas prudent. Non, monsieur l'agent. Elle pourrait se mettre en danger comme ce soir. Oui, monsieur l'agent. Un de ses fils est médecin ? Oui, mais tout de même… Vous voyez bien qu'elle ne doit pas rester seule. Oui, monsieur l'agent, nous savons. L'agent hésite et conclut. Nous allons transmettre les informations aux services sociaux afin qu'ils vous contactent. Oui, monsieur l'agent, envoyez-nous les services sociaux pour savoir si l'on s'occupe bien de notre maman démente. Cela manquait à notre tableau. Entre le quotidien équilibriste jonglant avec une armée d'intervenants palliatifs, censés combler les pans écroulés de sa vie, sa santé mentale qui se dégrade irrésistiblement, l'impasse de sa vie qui se dessine sans fard, l'angoisse qui suinte et infiltre toutes nos journées, il nous manquait encore une inquisition des services sociaux et son corollaire, la lancinante culpabilité.

Oui, monsieur l'agent, bien, monsieur l'agent. Merci, monsieur l'agent.

La femme qui rétrécit

Après la mort de papa, tu vivais seule dans cet appartement coquet du Cros-de-Cagnes, à deux passages cloutés, deux pas et trois feux rouges de cette plage de galets que tu aimais tant. Le bruit animé des commerces, du jeu de boules, des promeneurs allant ou venant, de la mer qui montait gentiment à l'assaut de ta terrasse ensoleillée. Tu étais bien dans cet appartement. Tu y vivais depuis une vingtaine d'années. Tu avais décidé, un jour, que la maison dans l'arrière-pays niçois ne te convenait plus. L'éloignement, l'entretien du terrain et des nombreux arbres fruitiers qu'il portait, la maison qui s'émiettait tranquillement, tu avais fini par rêver de ce trois pièces en étage avec ascenseur. Tu avais jeté ton dévolu sur cet appartement – dans cet immeuble avec son entrée d'un marbre des plus classiques – avec une terrasse pouvant contenir une tablée familiale, l'incontournable tenture rayée azuréenne, une vue sur mer respectable et pour finir des placards pouvant accueillir ta foultitude de vêtements. Pour le côté snob que tu ne dédaignais pas, il donnait sur le fameux terrain de pétanque où venaient jouer des célébrités comme Henri Salvador ou le champion des champions boulistes, le célébrissime Bébert de Cagnes.

Ces vingt années passées ici t'avaient donné raison. Vous y étiez heureux, papa et toi. Vivant au rythme de vos existences désormais retraitées et des événements tourbillonnants de la vie familiale.

Depuis la mort de papa, peu de choses avaient changé et certains détails laissaient penser qu'il était toujours là. À chacun de mes passages, je m'amusais de ces traces de vie qui bravaient le deuil. Un tiroir de la commode de votre chambre où s'entassaient ses vêtements parfaitement pliés. La boîte à médicaments rangée sur l'étagère des toilettes où l'écriture ronde de papa listait les symptômes précis justifiant leur ingestion. Maux de ventre, maux de tête, diarrhées, fièvre, douleurs, inflammations, démangeaisons… La médecine était réduite à l'essentiel dans une écriture enfantine et les remèdes également. Sur la terrasse se trouvait un petit local, où étaient rangés les outils et tous les objets, chutes, pièces en tout genre qui pouvaient servir au bricolage de papa.

La maison était ainsi toujours habitée par vous deux.

Seulement, avec le temps et la maladie, dans un effet paradoxal et inattendu, la place prise par papa s'était agrandie. Ou plutôt la tienne s'était rétrécie, rabougrie, asséchée. À mesure que se fissurait ton esprit, que s'écroulaient les murs de ta pensée, les chemins parcourus dans tes journées rapetissaient. De la cuisine au salon, du salon à la chambre, de la chambre à la cuisine. Plus encore, du lit au petit comptoir de la cuisine qui trônait au-dessus de l'évier blanc, du frigo au canapé de la salle à manger, du canapé au fauteuil dans lequel tu faisais ta sieste, du fauteuil au lit.

Tes déplacements se réduisaient en même temps que tes pensées. Le nombre de pas parcourus subissait la même chute vertigineuse que celui des mots qu'il te restait pour t'exprimer. Tu ne t'aventurais qu'en terrain connu, qu'il s'agisse de tes phrases ou de tes actions.

Ton espace s'effondrant sur lui-même, la présence de papa s'en trouvait dilatée. Il semblait de plus en plus présent, de plus en plus vivant, alors que toi tu t'effaçais. Tu devenais trace, fantôme de ta vie, tu n'occupais plus le monde, ton monde, ni même ton appartement. Tu te contentais de sentes minces sur le champ du quotidien. Tu n'explorais plus, tu ne t'aventurais plus. Tu creusais toujours, dans tes propres pas, toujours les mêmes, tes journées rétrécies. Ce quotidien n'était plus que ces chemins caprins à moitié effacés que l'on devine à peine à flanc de montagne. Tu disparaissais dans ta propre maison, dans tes propres vêtements et les traces de papa, mais aussi tout le reste, prenaient de plus en plus de place. Cela rappelait un film de science-fiction qui avait marqué mon enfance : *L'Homme qui rétrécit*.

Le héros, après une partie de pêche durant laquelle une brume aussi mystérieuse que toxique l'enveloppe, est condamné à rapetisser jour après jour, ce qui entraîne une cascade de scènes drolatiques ou terrifiantes, comme celle où une araignée des plus banales, devenue pour lui un monstre gigantesque, se lance à sa poursuite pour le dévorer. Il affronte ce sombre destin avec courage mais l'issue fatale ne laisse aucun doute, et le désespoir dans son regard marqua l'enfant que j'étais.

Dans ton immeuble de bord de mer, tu es comme lui. Perdant du terrain inéluctablement. Renonçant à des parcelles de toi et de ta vie en permanence. Tu flottes dans tes vêtements, dans ton appartement, dans ton existence.

Même devant ton assiette tu parais démesurément petite. Tu ressembles à une enfant assise sur un de ces tabourets rehausseurs, avec des couverts trop grands.

Tu t'éloignes du premier plan de l'écran de ta vie et, mécaniquement, les lignes de fuite de l'existence te réduisent encore et encore.

Jour après jour, comme aspirée de l'intérieur, tu t'affaisses. Tu te tasses. Pour te protéger. Pour donner moins de prise aux vents de la vie. Pour te faire oublier. Pour t'oublier. Pour oublier la maladie, notre désespoir. Pour t'excuser de nous ennuyer.

Tu es devenue un avatar de ce héros malheureux de mon enfance, tu es devenue « la femme qui rétrécit ».

Le monde s'écroule dans le silence de tes yeux

Maman sais-tu, sens-tu, que le monde s'écroule en toi ? La maladie a-t-elle cette ultime élégance d'anesthésier les pensées qui sont censées t'alerter, te signaler que quelque chose s'échappe, t'échappe ?

Je cherche la réponse dans tes yeux immenses.

Je me plais à penser cela.

Le contraire est inconcevable, effrayant.

Savoir que tu sais. Savoir que tu sens. Savoir que tu te sens te noyer, comme une aveugle, tâtant de ta canne chacun de tes mots, t'avançant prudemment au début de tes phrases et au beau milieu de celles-ci où le rien surgit, cherchant et ne trouvant pas. Le fil se rompt, ton monde aussi. Et l'eau monte autour de toi. Il n'y a rien devant. Il n'y a déjà plus rien derrière. Tout s'est effondré autour de ce dernier mot. Tu es là. Seule, debout sur ce mot rattaché à rien, au milieu de cette phrase qui n'a plus de sens. L'eau continue de monter autour de toi. C'est un peu ton bouclier arverne. Tu y trônes sans royaume, sans sujet. La nuit a tout englouti autour de toi. Tu le vois. Tu le sens. Ta vie ne tient plus qu'à ce dernier mot du milieu de ta phrase. Ce dernier mot qui lui aussi commence à s'échapper, à se réduire en poudre, en sable, en rien. Ce mot qui n'a peut-être déjà plus de sens.

Alors, j'imagine que la nuit te prend. Cette nuit qui me faisait peur lorsque j'étais ton enfant. Cette nuit qui m'effrayait à ton tour t'étreint. Cette nuit où tu venais me prendre dans tes bras pour me rassurer. Cette nuit où je venais me glisser entre papa et toi parce que j'avais perdu mon combat contre les monstres qui avaient envahi ma chambre.

Cette nuit qui maintenant t'aveugle.

Cette nuit contre laquelle, aujourd'hui, je ne peux rien.

Tu es seule face à elle, à ces démons qui, peut-être, te prennent à la gorge.

Tu as peur. Tes yeux s'agrandissent et se mouillent. Maman, tu pleures ? Tu baisses les yeux et souffles. Oui, tu pleures.

Je serre ta main. Tu serres la mienne.

Le monde s'écroule dans le silence de tes yeux.

Bientôt la nuit se fera entendre

Aphasie, Agnosie, Apraxie. Ce ne sont pas les prénoms des sœurs Tatins, créatrices sérendipiteuses de la tarte éponyme, mais les trois grands troubles cognitifs qui découlent de la maladie d'Alzheimer.

Pour faire simple et ne pas alourdir de considérations techniques un propos déjà pesant, résumons rapidement ces concepts.

L'aphasie est un ensemble de troubles du langage.

L'agnosie est un ensemble de troubles de la reconnaissance des choses et des personnes.

L'apraxie est un ensemble de troubles de la capacité à réaliser des gestes et des mouvements adaptés.

Saupoudrons tout cela de troubles de la mémoire et nous avons une vue d'ensemble des tableaux cliniques de cette maladie.

Que sait-on d'elle ?

Pas grand-chose, sinon que les manifestations décrites ci-dessus se développent en même temps que certaines lésions organiques dans le cerveau des personnes atteintes.

Ces lésions sont de petits amas de protéines, dépôts épars et multiples au beau milieu de notre cerveau, entre les neurones et même à l'intérieur de ceux-ci.

Pour être un peu plus complet, voire ennuyeux, ces protéines répondent aux doux noms de protéine bêta-amyloïde et de protéine tau.

Arrêtons-nous là en ce qui concerne l'exégèse causale de la maladie, car d'une part nous n'en savons pas beaucoup plus, et d'autre part elle échappe encore à toute tentative de traitement.

Notre propos est ailleurs.

Cette approche prudemment physio-anatomo-pathologique, c'est-à-dire à l'échelle des tissus qui constituent notre cerveau, sert un dessein plus philosophique que biologique.

Ainsi si l'on y regarde de plus près, cette maladie fait preuve, dans une certaine mesure, d'une grande malice, ce qui, dans son entreprise générale de débilitation des personnes, n'est pas sans ironie.

En effet, lorsque je te vois involuer, maman, perdre une à une tes facultés, renoncer à des pans de toi et de tes pensées, abandonner tes souvenirs et ton histoire, comme j'ai vu des dizaines de patients le faire dans ma jeunesse de praticien, je suis toujours étonné par la précision d'horloger de cette mécanique déboussolée.

Dans la jungle de nos 30 milliards de neurones abrités par nos boîtes crâniennes et constituant notre cerveau, la géographie de ces dépôts de protéine tau est-elle aléatoire ?

Ou bien au contraire, relève-t-elle d'un agencement pensé, d'un dessein calculé comme celui des saboteurs de ponts sachant exactement où poser les charges explosives ?

On pourrait imaginer que la maladie frappe au hasard et que ces dépôts ici ou là altèrent toutes les fonctions cérébrales. Mais cela ne semble pas le cas.

Seules les fonctions cognitives ci-dessus évoquées sont atteintes, ce qui n'est pas chose anodine.

Nous ne savons pas grand-chose du fonctionnement de notre cerveau, sinon qu'il est une machine extraordinaire à l'origine de notre pensée, de notre conscience, mais aussi de toutes les fonctions assurant notre équilibre biologique interne ou *homéostasie*. Ainsi, la température, la pression artérielle, le rythme cardiaque, la respiration ou encore la motricité, la sensibilité de notre épiderme, et bien des choses encore sont autant de facultés cardinales de nos organismes régulées en partie par notre cerveau.

Et ces fonctions semblent hors d'atteinte de la maladie.

Le cerveau, endommagé par ailleurs, n'est pas altéré dans ces fonctions vitales, ces commandements premiers de notre survivance.

Ton cœur, maman, continue magnifiquement à battre au bon tempo.

Ta température oscille toujours autour des 37°C.

Tu inspires et expires bon an mal an environ 20 000 fois par jour.

Ton appareil locomoteur te promène, certes dans des paysages de moins en moins glamours mais allègrement et sans entraves.

Bref, le pilotage central du navire est assuré.

Comme si, en déposant ces milliers, ces millions d'amas protéiques au sein de ton cerveau, la maladie d'Alzheimer choisissait ses effets, ménageait son auditoire.

Comme si elle décidait d'abaisser tels interrupteurs, ceux de la mémoire et des trois « A » (Aphasie, Agnosie, Apraxie) tout en laissant ceux des fonctions centrales (la respiration, la température, la pression artérielle, la locomotion, etc.) levés.

Comme si, elle tenait, par malignité, à maintenir la carcasse en vie tout en grignotant le logiciel, à faire tourner le moteur en arrachant le volant.

Comme si, obéissant à ce dessein sadique, elle gardait en vie la personne tout en l'excluant par la pensée.

Mieux encore, si l'on considère que ces dépôts protéiques au sein de nos cerveaux et à l'origine des troubles sont le fruit d'ordres venus du cerveau lui-même, on bascule dans un scénario digne d'un film de science-fiction.

Le cerveau programmant sa propre déprogrammation sélective, tout en maintenant cette sélectivité de la déprogrammation !

Cela fait-il sens ?

Cela nous dit-il quelque chose de cette maladie ?

Cela lui confère-t-il une intelligence, un dessein et, pourquoi pas, un désir ?

Peut-on imaginer que les dépôts toxiques de cette protéine tau se réalisent au hasard de la topographie cérébrale ou bien se font-ils suivant une certaine planification ?

Je ne sais pas, même si la théorie du professeur Maisondieu, reprise dans ma thèse de jeune médecin et décrivant la maladie d'Alzheimer comme une auto déconnexion du cerveau pour s'échapper d'un réel devenu insupportable, nous ouvre un champ de réflexion intéressant. Cette théorie d'un cerveau sabordant le poste de commande tout en maintenant la salle des machines intacte restera toujours incertaine.

Cependant, maman, cette maladie t'a choisie, à moins que cela ne soit le contraire, et elle te maintient à nos côtés tout en ayant pris le soin de t'expatrier aux confins de l'insensé.

Par ce cruel paradoxe, cette insane perversité, cette intelligence quelque peu perverse, elle nous oblige, maman, à te penser, te repenser, te chercher sans cesse, à nous imaginer tels que nous ne nous étions jamais vus, à te regarder d'un œil nouveau, à jouer les explorateurs de cette *terra incognita* que tu es devenue.

Cette folie que cette maladie installe dans ta vie et qui te refoule loin de nous a ce pouvoir de nous contraindre à ne jamais relâcher nos efforts.

Elle exige de nous de l'expertise, de la volonté, du courage. En quelque sorte, elle nous grandit, nous anoblit. Elle nous rend meilleurs. Nous devons être encore plus à ton écoute, à ta recherche, à ta poursuite. Nous devenons des pisteurs reniflant tes pas.

Cette maladie impose ses règles d'excellence. Si nous ne les respectons pas, nous te perdons. Elle nous rend sans cesse meilleurs dans le maintien et l'élaboration, même imaginaires, comme le démontrent ces écrits, de notre relation avec toi.

C'est bien la seule vertu de cette épreuve mais nous devons la reconnaître.

Te sublimant – au sens chimique du terme, qui décrit le passage de l'état solide à l'état gazeux – la maladie d'Alzheimer nous pousse à déployer autour de toi des trésors d'attention pour ne pas te voir te dissoudre.

Fragile, éthérée, volatile, tu es devenue au fil des jours encore plus précieuse que tu n'étais, encore plus désirable.

Chaque instant volé sur les rives de tes souvenirs est une pépite dont nous sommes les orpailleurs victorieux.

Le passé devient un sanctuaire, la nostalgie une religion et nous, ses zélotes.

Nous ramassons des lambeaux de ta vie et imaginons des tenues d'apparat.

Tout fait ventre.

Dans cette nuit qui nous noie, un faible scintillement ressemble au plus majestueux des phares.

C'est ainsi.

Ici comme ailleurs, la frugalité est la mère des trésors.

Le peu génère le manque, le manque l'émerveillement.

Nous nous émerveillons de ces bouts de toi comme nous ne l'aurions jamais fait sans cette maladie. Peut-être même que, sans elle, nous nous serions disputés, éclatés, écharpés autour de futilités dont les familles ont le secret ?

Peut-être aurais-tu vécu une vieillesse sans fard ni attrait, ennuyeuse, avec tes enfants, nous, subitement ingrats ?

Peut-être qu'inconscients de la nécessité de profiter de ta fin de vie nous n'aurions pas pris soin de notre relation, la laissant stagner dans les eaux saumâtres du quotidien familial ?

Au lieu de cela, la maladie d'Alzheimer a joué ce rôle d'écrin, te plaçant dans une logique héliocentrique comme le soleil couchant de la famille.

Nous gravitons les uns et les autres autour de toi dans un bal étoilé respectueux et nourricier.

Ta gravité nous rassemble et nous maintient ensemble plus que jamais.

Paradoxe ultime de cette maladie, qui, dans le même temps, semble te lâcher comme ces ballons d'hélium s'élevant jusqu'à disparaître, et te pose comme le centre de notre galaxie familiale.

Ton soleil se couche, nous te regardons décliner dans ce soir qui s'étire et apprécions le moindre reflet de tes sourires, le moindre éclat de tes yeux, le moindre scintillement de ton cœur, sachant que le ciel se creuse à chaque seconde et t'enveloppe doucement.

Bientôt la nuit se fera entendre et il sera trop tard.

Pardon

Il est des sociétés où les anciens ne sont pas institutionnalisés, même malades, même déments.

Il est des sociétés où les parents, les parents des parents restent au sein de cellules familiales élargies afin de finir tranquillement leur vie.

Ce fut le cas de mon grand-père Salvatore, ton père, maman. Salvatore, ce paysan pauvre d'Émilie-Romagne qui vint ancrer notre famille sur les coteaux niçois au milieu des années 1920. Pauvre, il était amoureux de la fille du riche et noble propriétaire terrien pour lequel ses parents et lui travaillaient. Il enleva sa dulcinée, dans une version prolétarienne de *Roméo et Juliette*.

En plus de celle de l'amour, il avait l'utopie politique chevillée au ventre et était un partisan communiste italien. Dans ces années mussoliniennes, ce n'était pas vraiment synonyme d'une vie paisible. Traqué, chassé, harcelé, il décida, après une énième mesure de rétorsion des milices fascistes, de fuir son pays. À l'époque – c'est toi, maman, qui nous le raconta –, un des plaisirs sadiques des chemises noires consistait à attacher leurs opposants politiques comme mon grand-père à un poteau sur la place publique, à les forcer à ingurgiter une quantité importante d'huile de ricin et à attendre que la nature viscérale fasse le reste. Non sans avoir au préalable cintré les bas de pantalons à l'aide de cordelettes permettant de conserver, d'entasser sur la victime elle-même, les excréments produits en grande quantité par le laxatif. Le sadisme humain prend parfois des tours vestimentaires inattendus. Les longues heures de cette humiliation publique pestilentielle, Salvatore les connut à plusieurs reprises.

Elles suffisent à comprendre l'origine de son désir d'exil.

Il traversa le nord de l'Italie, franchit la mince frontière qui le séparait de la France, terre de son espérance, et s'arrêta dans la première grande ville qu'il rencontra, Nice. Il pensait logiquement qu'il serait aisé d'y trouver du travail. Il y devint un sans-papiers, erra, fut aidé par un homme brave qui le recueillit malgré les préjugés racistes à l'égard des « ritals », des « macaronis », de sales immigrés venant manger le pain des bons et gentils Français. Il l'hébergea et lui donna du travail. Rien de bien reluisant. « Pelle et pioche », comme disait mon père.

Le plus vieux métier du monde pour qui n'a que ses bras et ses jambes pour faire fructifier son courage. Il put nourrir sa famille naissante restée au pays. Puis, il put la faire venir, se régularisa. Il mit son aîné, Gino, au travail à quinze ans. Pelle et pioche pour lui aussi. Il fallait bien nourrir ce clan qui s'agrandissait.

Ce n'était pas triste. C'était ainsi.

Les années passèrent. La guerre éclata. Le travail s'arrêta. Salvatore et sa famille travaillèrent comme métayers pour un personnage romanesque surnommé « le Comte » dans le roman familial.

Toi, maman, tu naquis en 1941, à Nice, du côté français de cette frontière que ton père avait franchi quinze ans auparavant. Tu étais la toute dernière. Le fascisme avait lui aussi franchit la frontière. Le nazisme triomphant, avait mis la France à terre.

Vous étiez une famille émigrée italienne, ouvrière, pauvre, communiste. Gino devint naturellement résistant, prit le maquis. Sa mère, ta mère, maman, préparait des gamelles pour nourrir le réseau auquel il appartenait. Angèle, ta sœur, aidait des familles juives à passer la frontière vers l'Italie. Le propriétaire de la maison, le « Comte », hébergea quelques jours Jean Moulin qui mangea peut-être les lasagnes de la famille Battarra.

La guerre cessa.

Juste avant, un de tes frères, le séduisant Luciano, disparut à jamais dans un fossé de l'histoire, laissant ta mère, Candide, définitivement malheureuse.

Salvatore s'acharna pour acquérir la nationalité française. Il l'obtint en 1946 ou 1947.

Tu étais donc, maman, la dernière de la fratrie. Tu avais plus de vingt ans d'écart avec Gino, l'aîné.

Je ne connus donc ton père, Salvatore, dit pépé Battarra, que lors des dernières années de sa vie.

Pépé Battarra vieillit et mourut chez ses enfants, chez toi, maman, chez nous. Mes souvenirs d'enfance le posent dans la cuisine de notre maison cossue de la banlieue parisienne, puis sur la terrasse du restaurant que vous teniez sur les hauteurs de Nice. Assis, la canne à la main, en débardeur blanc, de superbes bretelles rebondissant sur un ventre replet, des lunettes grossissant ses immenses yeux bleus. Il bougeait et parlait peu.

Il aimait jouer à la belote avec mon frère et moi.

Les échanges étaient chaleureux mais limités par la barrière de la langue. Si, à la fin des années 1940, il avait déployé auprès de l'Administration des efforts colossaux pour devenir français, ceux qu'il avait fournis pour parler notre langue furent plus modestes. Et cet octogénaire bienveillant s'adressait à nous dans un sabir résumant sa vie d'immigré. Dans son langage, l'italien fusionnait avec le français, tout en se mâtinant du dialecte niçois parlé par la famille de mon père et du romagnol rapporté de sa ville de Riccione.

J'ai partagé ainsi un peu de sa fin de vie. J'ai eu peur de cet homme impressionnant. J'ai ri avec lui. J'ai appris de lui Staline, le stalinisme et la belote. J'ai découvert l'œuvre mortelle du temps sur les corps et les âmes. J'ai découvert la maladie, le diabète. J'ai rencontré la mort, sa mort.

Elle flottait dans cette cuisine jusqu'au jour où elle disparut avec pépé Battarra qui me laissa seul pour la belote. On ne joue pas seul à la belote, je pris conscience du poids de l'absence d'un proche.

À cette époque, je n'ai jamais entendu personne, ni toi, maman, ni une de tes sœurs, ni un de tes frères, parler de « placer » pépé dans une institution. Il a fini ses jours, nomade aux grands yeux bleus, passant de notre cuisine à celle de Jojo ou de Gino à Trans-en-Provence, à celle d'Angèle exilée en Belgique, ou celle de Riri à Paris. Ses enfants l'ont accompagné jusqu'à son dernier juron romagnol.

Les temps ont-ils changé à ce point, maman ? Te prendre à la maison, te garder auprès de nous, te laisser voir grandir ta toute première arrière-petite-fille, laisser tes petits-enfants te voir partir, t'effacer petit à petit avec douceur, nous permettre de te tenir la main, de profiter de tes sourires tous les jours, c'est ainsi que depuis les temps anciens les familles font l'apprentissage de la mort, en la débusquant victorieuse dans les yeux tristes de nos parents vieillissants.

Mais ce n'est plus le cas, question d'époque, question de société, question de mode de vie, question de mode, question d'individualisme, question sans réponse. Nous ne gardons plus nos vieux et nos vieilles à la maison. L'appartement est trop petit, le vieux est trop vieux, la vieille est incontinente, les enfants déjà trop nombreux, le chien trop bruyant, le boulot trop prenant, bref, maman, nous ne t'avons pas gardée à la maison.

Nous ne savons pas faire avec nos vies, avec ta maladie. Laver, langer, torcher sa maman n'est pas un exercice facile.

Le temps où l'on ne se posait pas la question n'est plus. Le temps où l'on ne pouvait pas faire autrement non plus.

Nous nous sommes posé la question, nous pouvions faire autrement.

Nous avons donc fait autrement.

Mélange de pragmatisme, de raison et de conformisme, cette décision est l'enfant de la modernité et de l'égoïsme, la culpabilité son jouet.

Je ne suis pas fier, maman, de te savoir au milieu des autres agonisants, loin de nous, mais je ne peux faire autrement. Je ne sais pas sacrifier mon quotidien pour toi comme tu l'as fait pour nous. Je ne sais pas renoncer au vain tourbillon de ma vie pour t'accompagner sur les dernières marches de la tienne.

Je m'en veux mais me rassure. Je me rassure mais m'en veux.

Je pense à toi. Souvent. Enserrée dans les griffes de l'oubli, terrifiée par la noirceur des cieux à venir, je vois ton regard insoutenable. Je vois l'effroi, le vrai, celui de l'anéantissement à venir. Je rationalise l'effroi et t'oublie. Je dompte le dragon de la culpabilité et passe à autre chose. La vie, la mienne, me tire par la manche et m'emmène comme une traînée pour une passe honteuse. J'en ressors penaud, réajustant le col de ma chemise et droit dans les bottes de ma vie. Mais au fond de moi, l'enfant que j'étais, ton enfant, pleure. Parfois, souvent, très souvent. Seul, en pensant à toi. Seul, en écrivant ces lignes. Je t'aime, maman et je te demande pardon.

Et pourtant je ne le ferai pas

Je cours après toi qui ne bouges pas. Cette poursuite m'épuise. Je ne viens pas souvent. Pas assez en tout cas. Tu as tout donné pour nous, tes enfants. Ton temps, tes chairs, ton sang, ton lait, ta vie, tes amours. Tu as sacrifié la partie de cette femme solaire qui embrassait le monde d'un sourire venu d'Italie. Tu as fait ce que les mères font depuis la nuit des temps.

Mais, moi, que dois-je faire ? Suis-je programmé pour ce que ton état me demande ? Puis-je le faire ?

Tu étais une mère à l'âge d'être une mère. Dévorant le monde et celui des autres, tout en construisant votre famille avec papa, élevant vos enfants. Tourbillon de vie, tu ne comptais rien. Mais à mon âge, je n'ai pas cette force.

Moi, je compte. Le temps qui me reste à vivre, les choses que je n'ai pas faites, celles que je ne ferai pas. Celles que j'ai gâchées, celles que j'ai salies. Je compte les choses et les êtres qui me manquent. Je ne suis plus infini. Alors oui, je compte les minutes passées près de toi. Et je désespère de passer ces misérables instants à tes côtés, dans ce trou de la vie, entre ton sourire vain et le sentiment de déranger car je suis encore arrivé tard et que cela risque de retarder ton passage à table à 18 heures. Je désespère de ne pas être capable de te donner plus, de te donner tout, comme toi tu l'as fait dans l'incandescence de ton ventre et de ta vie. Je désespère de ne pas être capable d'arrêter le monde pour qu'il se consacre entièrement à toi. Je culpabilise. Je suis ce mauvais fils, incapable de te rendre le millième de ce que tu m'as donné. Je me console en pensées rationnelles. Je me rassure en raisonnements logiques. Mais le ventre m'arrache un cri sourd. Tu es ma mère, tu es perdue au milieu de la grande nuit, et je n'ai rien de plus à t'offrir que ces miettes de mon temps. Je te laisse au milieu des loups et des hyènes, seule, dans ces habits ridicules qui ne t'appartiennent pas. Toi qui étais si coquette, si belle, tu es accoutrée avec un mauvais goût achevé. Et je te laisse, je t'abandonne dans ces rayures absurdes. J'ai autre chose à faire, je n'ai même pas à ruser, je te laisse au premier venu. Tu lui prends le bras comme si c'était le mien et tu pars. En médecine, nous appelons cela le syndrome d'agrippement. Je te dis au revoir. Tu es déjà loin, et ton regard s'est éteint. Je ne suis pas programmé pour cela. Le médecin que je suis, oui, mais le fils, non. Le fils que je suis voudrait rester à tes côtés, dormir avec toi, te faire à manger, ne jamais lâcher ta main. Mais c'est impossible, c'est lâche, je suis lâche. Le médecin que je suis sait que je ne pourrai pas le faire, je l'ai dit et répété à tant et tant d'accompagnants. C'est un gouffre sans fond, dans lequel vous engloutirez votre vie et celles de vos proches. Vous devez vous protéger, tracer une limite entre la maladie et vous, sinon, vous allez vous y perdre et perdre celles et ceux qui vous entourent.

Mais là, je veux me perdre !

Je veux me perdre avec toi, maman. Moi, je n'ai pas peur de me perdre. Je sais que tu n'as pas le choix et que tu ne changeras pas de chemin. Alors, c'est à mon tour de sortir du mien. C'est à mon tour de te suivre dans ta nuit. Moi, je reviendrai, tôt ou tard. Je retrouverai mon chemin. Et le monde m'attendra, ou pas. Mais j'aurais vécu ces derniers moments à tes côtés. Je te les dois, je me les dois.

Et pourtant je ne le fais pas. Et pourtant je ne le ferai pas. Je serai sage et raisonnable et te laisserai seule à t'étouffer silencieusement de peur.

Jusqu'à la fin de ton sourire

Cette maladie est malicieuse par essence puisqu'elle s'attaque à notre cerveau, à notre intelligence, au centre de contrôle de nos vies, de nos personnes. Pour ce faire elle doit composer avec le cerveau lui-même afin de le leurrer, de le piéger pour enfin le vaincre.

Elle grignote, use, érode, émiette des pans de nous-mêmes tout en en préservant d'autres. Ses conséquences fonctionnelles, son retentissement, la partie visible du dérèglement climatique intérieur est ainsi le fruit de cette équation interne, dans laquelle sont détruits des circuits entiers de commandement alors que d'autres sont maintenus. Nous savons que le cerveau est d'une complexité sans limites, et que les interactions, rétrocontrôles ou stimulations positives sont structurellement incessantes. La science a ainsi de plus en plus l'impression que cette machine de guerre au milieu de notre boîte crânienne est plutôt un vaste *connectum*, un immense réseau de câbles dans lequel l'information circule en permanence plutôt qu'un disque dur ou un espace de stockage. Ainsi, la disparition d'un neurone ne s'envisage pas comme la disparition d'une micro-fonction que celui-ci pouvait remplir, mais comme l'altération d'un équilibre global où tout interagit avec tout. Enlever un neurone c'est un peu comme enlever un nuage dans le ciel. Cela n'aurait pas seulement un impact direct à l'endroit où se projetait l'ombre du nuage, mais cela modifierait le cycle global qui tendrait à trouver son nouvel équilibre, déclenchant d'autres effets à distance. C'est ainsi que l'altération de structures au sein de notre cerveau entraîne tout d'abord la disparition de fonctions que celles-ci remplissaient. L'exemple des hémiplégies et paralysies faciales, faisant suite à des accidents vasculaires cérébraux (AVC) dans les zones responsables des fonctions motrices, est connu de tous. Cependant, il est certain également que le cerveau est plastique et qu'il tente de compenser la perte en imaginant d'autres chemins par lesquels l'information pourrait circuler et, surtout, que la destruction de certaines zones majore l'activité d'autres avec lesquelles elles étaient en interaction. Autrement dit, la destruction de cellules ou structures cérébrales n'a pas seulement pour conséquence l'arrêt des fonctions inhérentes à ces structures, mais aussi une modification des fonctions sur lesquelles ces structures exerçaient une influence sinon un contrôle. C'est ainsi que des fonctions diminuent ou disparaissent tandis que d'autres, libérées du contrôle exercé, se trouveront exacerbées.

Cette vérité, bien que simpliste, nous permet de comprendre une des caractéristiques de la maladie d'Alzheimer. La singularité de son expression. Détruisant petit à petit des structures cérébrales dans leur ensemble et presque « à l'aveugle », elle va déclencher des réactions de compensation ou de décompensation neurocérébrales propres à chaque individu.

Elle inhibe cette fonction et ce trait de caractère tandis qu'elle majore tel autre. Le cerveau est à la fois l'écran, le projecteur, la bobine et le réalisateur. La maladie va donc interagir avec les composantes existantes de la personne dont le cerveau réagira avec ses moyens, acquis et innés, dans tous les cas singuliers. Cette double singularité, du support et de sa réaction, confère à cette maladie une signature chez chaque patient. Une fracture du fémur est une fracture du fémur chez Pierre, Paul ou Simone. La maladie d'Alzheimer est celle de Pierre, de Paul ou de Simone.

Chez toi, la maladie a d'abord accentué un de tes côtés les moins drôles. C'est ainsi que durant quelques années ton caractère s'est durci, affichant une intolérance grandissante et renforçant un côté atrabilaire. Tu étais de moins en moins agréable, et ta compagnie de moins en moins recherchée. Rien ne trouvait grâce à tes yeux, que ce soit la cuisine que l'on te faisait ou les choix de vie des uns et des autres. Pour assombrir le tableau et la couleur de tes yeux, l'angoisse t'envahissait souvent, et la tristesse, parfois.

Puis cette maladie, continuant à ronger ce qu'elle pouvait ronger, t'a donné un tout autre visage.

Tu es devenue « frontale », terme médical désignant un tableau lié à l'atteinte du lobe cérébral éponyme et dont le principal trait de caractère est la jovialité.

Tant et si bien que tu deviens petit à petit agréable, très agréable, anormalement agréable. Le sourire et le silence remplacent les amertumes que tels souvenirs convoquent et les remarques acerbes sur tels plats réalisés en dépit de la tradition. Les rires sans raison se substituent aux larmes silencieuses de tes crises d'angoisse. Le soleil de tes yeux réapparaît, réchauffant ton visage et nos cœurs. Ces changements, traces de l'avancée du désastre, ne sont pas un bon signe quant à l'évolution de la maladie, mais nous avalons ce paradoxe sans rechigner et même avec soulagement. Tu es moins là mais plus heureuse. Tu es un peu plus ailleurs mais un ailleurs réjouissant. Tu sembles la messagère d'un autre monde que seule toi connais. Tu reviens vers nous portant la bonne parole dans ton sourire, semblant nous dire de ne pas nous inquiéter, que tout va bien, que tout va s'arranger. Un mensonge délicat. La maladie avance et, comme prise de remords, t'enveloppe dans ce papier cadeau parfumé. Nous prenons. Nous gobons même. Sachant le bout de la route perdu dans les sables mouvants, nous n'exigeons rien d'autre de ces sourires doux, affables, certes creux mais reflétant un bonheur imaginaire sinon imaginé.

Rieuse, tu sembles parfois heureuse. En tout cas, nous participons à la supercherie neuronale. Nous rions avec toi et encourageons ce qui n'est, malheureusement, qu'un symptôme de plus.

La vie, ta vie vaut bien un sourire surtout s'il n'y a plus rien d'autre.

Un proverbe jóola de Casamance nous dit que « l'homme suit la dent : là où il y a sourire, là il se dirige ».

Nous te suivons, maman, et nous te suivrons jusqu'à la fin de ton sourire.

La remballe

Les chèvres de l'EHPAD nous regardent de leurs yeux rectangulaires. Voient-elles le monde en cinémascope ? Leurs fins bêlements t'interpellent. Tu les questionnes. Ça va ? Tu poursuis. Et oui !… Elles te répondent poursuivant un dialogue abscons qui laisse le monde à votre porte. Tu as l'air tranquille avec les chèvres. Le soleil de l'automne a disparu derrière la cime des pins parasols. Ta main est froide. Je remonte le col de ta veste de survêtement bleu électrique. Elle recouvre un pull en laine jaune canari qui lui-même se superpose à un sous-pull violine. Le tout est ridiculement beau, l'arc-en-ciel du mauvais goût, tiré probablement des vêtements oubliés, perdus ou appartenant à des défunts dont le consentement pour ce prêt *post mortem* doit traîner dans un des tiroirs de l'EHPAD.

Le jour s'en va et tu as froid. Tu n'as jamais aimé le froid. Je me souviens des sons feutrés de ces grises journées parisiennes où, emmitouflée dans de semblables couches de vêtements multicolores et baroques, tu t'activais dans le magasin de fleurs. Les pulls et sous-pulls s'entassaient tout autant, le tout emmailloté dans la blouse du magasin. Bleu sombre, vert d'eau ou grise, brodé du nom du magasin Les Halles aux Fleurs sur la poche à stylo, elle recouvrait vos corps et vos pelures d'une dernière couche austère. Certains jours, les manches d'un gros pull fuchsia en laine angora enrobaient tes avant-bras, leur donnant les contours de ceux velus d'une maman ours psychédélique. Une triste paire de mitaines en laine noire mouillée tentait de protéger tes doigts abîmés. Engoncée dans l'épaisseur vestimentaire, tu étais boudinée dans cette armure de camelote. Tu avais souvent froid. Ton nez, rougi par l'hiver parisien, laissait perler une goutte perpétuelle. Ce froid était ton plus redoutable adversaire, et la guerre perdue d'avance. Tu disais souvent qu'à cause de lui vendre des fleurs était un dur métier. Les magasins doivent être des chambres froides à ciel ouvert afin que les fleurs, denrées si périssables dont la beauté est le trésor fugace, survivent le plus longtemps possible. Plus que survivre, elles doivent resplendir le plus longtemps possible, rester au sommet de leur magnificence. Ouvertes, aguicheuses, mais pas sur le déclin. Or ce moment est furtif. Fermées, personne ne les achète, trop ouvertes, elles n'intéressent plus. Les fleurs doivent promettre le plaisir qu'elles offriront dans les maisons ou dans les yeux de celles et ceux qui les recevront. Maintenir les fleurs sur ce chemin de crête de leur beauté le temps du magasin est l'art du bon fleuriste. Le froid est l'allié de ce pouvoir sorcier. Il ralentit, fige l'éclosion. Les fleurs sont maintenues endormies dans cet état où elles promettent sans dévoiler. L'équilibre doit être perpétuellement négocié entre le processus de vie et son arrêt sur image. Alors elles sont arrosées, baignées – afin d'afficher leurs couleurs les plus vives, leur turgescence sans faille – et, dans le même temps, enfermées dans une camisole réfrigérante. C'est ainsi que le froid règne, partout, tout le temps. Celui de la rue, de l'hiver et des chambres froides.

Le fleuriste est un alchimiste dont le froid est le sortilège.

Tu détestais ce froid qui préservait les fleurs et rongeait les corps. Il était aux antipodes de tes origines, de ton histoire, de ton soleil, de ta mer au bleu tranquille, de ta cuisine à l'huile d'olive, de ton soleil pierreux, de tes banquets familiaux pris dans le fracas des cigales. Tu détestais le froid.

Aujourd'hui, tu ne portes plus ta blouse, mais les morts de l'EHPAD te prêtent des pulls arc-en-ciel. Tu as fini par gagner cette guerre contre le froid en revenant sur tes terres méridionales. Tu ne savais pas que sur ce champ une autre bataille se préparait plus funeste encore et pour laquelle aucune armure ne saurait te protéger.

Les chèvres n'ont plus rien à te dire, et toi non plus. La nuit nous enveloppe déjà, je te propose de retourner vers ta chambre. Tu te lèves, je tiens ta main toujours froide. Je te prends sous mon épaule et nous avalons les quelques mètres qui nous séparent de l'entrée principale.

Tu es frêle, si frêle, maman, toi qui bravais la rue, l'hiver, la vie. Toi qui affrontais le monde et tout le reste.

Tu as froid, je le sais, et tu n'aimes pas ça.

Allez, maman, viens, rentrons.

C'est la remballe ! Comme disait papa pour lancer l'armée des employés à l'assaut du soir parisien.

Le nom du monde

Je fouille le présent auquel je m'accroche comme à une bouée de sauvetage. Un arbre, une fleur, pourvu que tu te souviennes de son nom.

Tu étais fleuriste et, au grand dam des clientes et des clients qui idéalisaient ce tableau bucolique, tu détestais ce métier qui torturait tes si jolies mains. Aujourd'hui, même les gentilles roses, si bonnes élèves que tu n'aimais déjà pas, échappent à ta raison.

Tu souris du haut de ce silence qui balaye nos échanges. Des sourires-abris, des sourires-parapluies, des sourires-parasols, des sourires qui t'épargnent l'humiliation de la nudité, celle de ton âme. Tu es nue devant les choses, elles te regardent toutes maintenant. Le moindre objet te dévisage et semble prendre sa revanche. Tu nommais tout et le reste, assignant ceci à telle fonction, assignant cela à telle autre, ordonnant le monde par les mots.

Chaque chose avait une place, un nom, une fonction.

Chaque place, chaque fonction avait un nom également. Mais tout cela est parti comme une trace sur le sable de la plage. Emportée par l'histoire, par le vent, par le temps, par la vie, par ta vie.

Les objets, les fleurs, les chats, les chiens, tes petits-enfants, plus rien ni personne n'a de nom.

Ton monde est sans étiquettes, comme un supermarché dont les articles seraient empaquetés dans des boîtes blanches identiques, immaculées, effrayantes, comme une armée prête à te dévorer.

Est-ce cela ton monde ?

Tout doit se ressembler, moi, la voiture, la chaise, le lapin angora tapi dans la cage de l'EHPAD.

Effrayant.

Et les choses te regardent maintenant, narquoises, hautaines, malveillantes.

Et toi, as-tu un nom ?

Sais-tu qui tu es ?

As-tu conscience de toi ?

De ta conscience ?

De ta vie ?

De ta place ?

De ton existence ?

Ou bien est-ce que cela a disparu aussi ?

Depuis que je suis enfant, je me pose la question des pensées animales. Sans mots, à quoi ressemblent les pensées de nos chiens et nos chats ?

Nos pensées sont faites de phrases, de raisonnements, mais sans mots ?

Ta pensée a-t-elle disparu avec le nom du monde que tu as peut-être même oublié ?

Les putains, les voleurs et les dieux

Nous sommes assis devant tes deux meilleures amies, deux magnifiques chèvres enfermées dans le petit enclos construit au bout du terrain de l'EHPAD, un banc de jardin rouillé nous servant de tribune. Leurs bêlements t'interpellent régulièrement et hachent le silence qui nous enveloppe.

Il n'est pas pesant.

Il est, c'est tout.

Comme le lierre sombre sur les murs d'une vieille bâtisse, il a recouvert des pans de ta vie. Grimpant sans obstacle le long de tes pensées. Balayant jour après jour le souffle de tes mots. Le silence est ta maison. Mes questions sont lancées sans illusion sur ce mur infranchissable.

Tu souris à la plupart. Tu réponds parfois. Tu te tais le reste du temps.

Les échanges verbaux se résument à ces allers sans retour qui s'évaporent dans l'air.

Au-delà de l'absence des mots, nous échangeons tout de même. Je lis ton regard et dialogue avec tes mains. Cela me suffit.

La plupart du temps je me résigne à cette portion congrue de ton expression.

Mais parfois, je me révolte, renverse la table et me jette un défi incroyable, celui de te retrouver dans les mots, celui de retrouver les mots qui te cachent encore. Alors je me lance sur une piste, souvent du passé. Je le convoque, ses images, ses noms, ses rêves perdus. J'escalade les rochers de l'oubli et fonce dans les vides de ta mémoire. Tel un chasseur, je traque la moindre réaction. Un pétillement inhabituel de ton regard, une expression donnant un peu plus de vie à ce sourire automatique.

Je cherche, je scrute, je creuse la moindre piste. Je déroule mon histoire, guidé par tes réactions. Je ralentis, répète lorsque je crois déceler ton intérêt.

Tels ces soldats matutinaux qui, l'été, armés de détecteur de métaux, arpentent les plages des stations balnéaires, je suis à la recherche d'un matériau précieux : tes souvenirs. Et lorsque l'un d'entre eux sonne, je m'arrête, reviens en arrière, le déterre et l'étudie.

Je le travaille avec toi, l'évoquant dans toutes ses dimensions, y rattachant d'autres souvenirs, cherchant à reconstruire des passerelles qui n'existent plus et à dessiner des chemins effacés.

Parfois, nous sommes récompensés et te voilà évoquant telle ou telle personne. Cela ne dure pas longtemps mais c'est une grande joie de te voir réincarner les mots. Le temps de deux ou trois phrases te revoilà avec papa, avec Simone la tenancière du bar mitoyen au magasin de fleurs de la rue Lebon dans le 17e arrondissement de Paris, avec Cathy, la fille des Marquis, les fromagers d'en face, qui nous gardait durant les vacances mon frère et moi.

Un été, alors que nous étions seuls avec elle à Nice, elle a suivi un homme qui deviendrait son mari et l'est resté jusqu'à ce jour. Tu ne lui avais jamais pardonné cet abandon de poste sur le front de tes enfants, d'autant que l'amour romantique, concept assez flou pour toi, en était le moteur. Tu lui en as voulu durant des années et cette rancœur perce parfois la carapace de tes oublis.

Parfois, il ne se passe rien. J'ai beau tenter mille et une choses, aucun écho ne me revient de tes yeux. Mes mots sont absorbés par le vide, par ton absence, par ton sourire. Ils se perdent dans le ciel de ta maladie. Je ne t'en veux pas. Je renonce momentanément, comme un alpiniste bloqué par la tempête au milieu d'une ascension. Je redescends, attends une amélioration du ciel et repars à ton assaut.

Je sais que les voies sont de moins en moins nombreuses. Que les tempêtes sont de plus en plus fréquentes, que les possibilités de parvenir au sommet se réduisent d'heure en heure. Je suis un combattant résigné mais inlassable quant au désir de me battre.

Et parfois le miracle se produit. Je trouve un filon, un passage dans l'étroit défilé du chaos. Je me hisse alors au sommet le plus haut de ta vie et profite de ce que tu me laisses à nouveau entrevoir de toi.

Un paysage, un repas de famille, une odeur de cuisine, une engueulade avec papa, un souvenir de Salvatore, ton père italien et métayer, dont les yeux irrésistiblement bleus lui avaient valu le surnom de Marco Bello, ta mère, la fille du châtelain qu'il avait enlevée par amour interdit et dont tu parles peu. Je tente, je scrute, je sonde et, comme un chercheur d'or, je trouve parfois une pépite.

Aujourd'hui, c'est un filon qui s'ouvre à moi. Ce n'est pas un mot, une image, un souvenir, c'est un chapelet d'îles dans l'océan de ta mémoire asséchée. Je saute de l'une à l'autre sans retenue, profitant de cet instant magique et drôle.

Car tu es hilare. Je te fais et te vois rire comme je ne t'avais vue le faire depuis longtemps. Et plus je parle, plus tu ris.

La scène est d'autant plus savoureuse que ce qui déclenche cette joie réconfortante est inattendu : les grossièretés chantées ou dites par papa.

Chaque gros mot, insulte ou juron déclenche une cascade joyeuse emportant ton sourire et le reste de ton visage. Fier de ma trouvaille, je relance sans cesse. Comme un hypnotiseur de théâtre maître de sa salle, je ne te lâche pas.

C'est en chantant *Calant de Vilafranca*, vieille chanson paillarde niçoise, que j'ai découvert la mine d'or .

Calant de Vilafranca, *Souta d'un caroubié,* *Faioun la contradansa* *Em'un sarjan fourié.*	En descendant de Villefranche, Sous un caroubier, Elles faisaient la contredanse Avec un sergent fourrier.

Refrain

Tralala, lalala, *Li gandaula si maridon,* *Tralala, lalala,* *Li gandaula soun maridà.*	Tralala, lalala, Les dévergondées se marient, Tralala, lalala, Les dévergondées sont mariées.

Ritournelle

Vai que l'amour ti passera, *Fai la vireta, fai la vireta,* *Vai que l'amour ti passera,* *Fai la vireta, fai la vira.*	Va, que l'amour te passera, Fais la pirouette, fais la pirouette, Va, que l'amour te passera, Fais la pirouette, fais le détour.

2e couplet

S'es maridat un rangou	Un boiteux s'est marié
M'una qu'es sensa den.	Avec une édentée.
Sa maire n'es countenta,	Sa mère est contente,
Soun paire n'en sau rèn.	Son père n'en sait rien.

3e couplet

La filha n'es proumessa,	La fille est promise,
Li an douna l'anèu.	Ils lui ont donné l'anneau.
N'a plus de countentessa	Elle en a plus de satisfaction
Que fin à San-Miquèu.	Qu'à la saint Michel

Mieux encore, ce n'est pas cette version déjà grivoise qui t'émeut, mais une encore plus osée, voire carrément pornographique, que papa chantait souvent, accompagné de son accordéon et de son acolyte André Trucchi, dit Dédé Trucchi, artiste borgne et niçois des années 1960.

Les gros mots de la rengaine niçoise s'égrènent et tu ris. Tu ris aux éclats. Ce ne sont pas ces sourires doux, affables mais fugaces, que tu as l'habitude de donner au monde. Non, c'est une avalanche de rigolade, un fou rire de cinéma, une cascade joyeuse qui te tord le ventre.

Je ne t'avais plus vue comme cela depuis si longtemps et je suis heureux.

En une seconde, je comprends que la forme frontale de ta maladie, notamment *la moria* et l'appétence pour l'humour potache qu'elle génère, est la raison de ce fou rire saugrenu.

Mais peu importent, les raisons de ta joie soudaine. Je profite avec bonheur du feu d'artifice émotionnel qui te secoue.

Tu me serres le bras, fort, tu me demandes d'arrêter dans un éclat de rire qui t'étouffe, feignant d'être choquée, mais tes yeux malicieux sont avides de la suite et en redemandent. Alors je continue, ce n'est plus la petite comptine osée de papa mais les tombereaux de jurons qu'il crachait lorsqu'il était en colère et dont l'origine est un galimatias de niçois et de français.

Porca petan ! (Sale putain !)

La première fait mouche. Tu repars de plus belle. J'en suis maintenant certain, ce n'est pas la musique ni le souvenir de l'accordéon de papa, ce n'est pas la musicalité de ce sabir méditerranéen qui t'émeut, mais simplement la grossièreté de ces propos arrachés au passé. Je m'en donne à cœur joie et, tel un boxeur parvenu à coincer son adversaire dans les cordes, je boxe ta maladie de gros mots chantants comme autant de crochets et uppercuts.

Porco Diou ladre ! (Sale Dieu voleur !)

Porca Madonna ! (Sale Vierge !)

Porca miséria ! (Sale misère !)

Vierge e petan salope ! (Vierge et salope de putain !)

Brute empestaté ! (Brute têtue !)

Tu hurles de rire et finis par jeter l'éponge en me suppliant d'arrêter.

Le temps d'un instant le dragon Alzheimer s'est terrassé lui-même… de rire.

Buvons à la santé des *putains, des voleurs et des dieux* !

Comme une douce revanche, une élégante riposte

Ce livre s'adresse tout d'abord à toi, maman. Il dit beaucoup de ce que j'aurais aimé te dire et que je ne t'ai pas dit. Bien sûr, il serait aisé de m'abriter derrière ta seule maladie et de justifier par sa fâcheuse tendance à grignoter les êtres et les choses, comme le temps de lucidité qu'il te reste.

Mais je sais pertinemment que ta maladie n'est pas seule en cause.

Je reconnais à ce livre d'être une occasion unique de te parler, même si tu ne m'entends plus vraiment. Ici, je peux exprimer ce que je ne savais pas partager avec toi, par pudeur, par posture, par faiblesse, par respect, par toutes ces choses qui tissent le camaïeu viscéral et relationnel d'un fils et de sa mère.

J'écris pour la postérité des sentiments dans le tourbillon d'un quotidien toujours asservissant par son avarice de temps et d'espace. Dans ces lignes, dans ces mots, je te parle, maman, comme je ne t'ai jamais parlé et comme je ne te parlerai jamais. C'est ainsi, la vie, le monde, ton fichu caractère et le mien pire encore nous ont gentiment empêchés de vivre ces moments. Cette maladie, dans une douce ironie, et mon égoïsme nous les autorisent maintenant.

Mon égoïsme, car je prends cette liberté sans te concerter. Pis encore, je sais très bien que tu pourrais m'en vouloir. Pas sur le fond, non, tu as toujours eu une confiance, certes critique mais absolue, en ce que je pouvais tenter dans ma vie. Tu ne m'as jamais entravé, inhibé, et même si mes choix et mes idées pouvaient te surprendre à bien des égards, tu m'as toujours soutenu. Mais je sais qu'un tel projet, si personnel et te concernant de surcroît, t'aurait gentiment contrariée. « Mais, mon fils, tu auras donc décidément des idées bizarres toute ta vie. Tu as déjà fait ta thèse sur cette maladie et maintenant tu veux en faire un livre ? Sur moi en plus ? Mais qui penses-tu que cela peut intéresser ? Et puis que vas-tu raconter ? Notre histoire ? Mon histoire ? Allez, arrête tes bêtises et viens plutôt manger, les pâtes vont être froides. »

Je sais tout cela, mais ne m'en veux pas, maman, je sais aussi qu'au fond de toi, tu m'aurais donné raison. Que partager ce que nous traversons, ta maladie, notre accompagnement, va bien au-delà de l'anecdote familiale, que tu aurais fini par comprendre que cela puisse être utile à d'autres familles qui vont ou ont traversé les mêmes difficultés.

Tu te serais rendue, de mauvaise grâce certes, à cette idée du partage et de l'entraide.

Tu aurais compris que ce livre se veut utile.

Utile à son auteur, en tout premier lieu. Je ne cache pas ma satisfaction, mon soulagement d'exprimer ma douleur, mes doutes, ma honte, mon amour, autant de sentiments et d'émotions qui jalonnent ce chemin semé d'épines. Aucun autre espace ne me permettrait de le faire. Seules ces lignes silencieuses me font espérer de me faire entendre par toi, maman. Je sais que ce n'est qu'un rêve, qu'une illusion, mais elle est si précieuse. Je t'écris, je te parle, et tu es là. Tu es là comme tu ne l'es plus depuis longtemps et même parfois comme tu ne l'as peut-être jamais été. Je te parle, t'écoute, t'imagine, te sens, te cerne, te comprends, te rassure de manière rêvée. C'est une chance inouïe. Je ne saurais m'en priver, et je te remercie de me le permettre même si tu ne le sauras jamais.

Au-delà de cela, ce livre peut donc être utile à toutes celles et tous ceux qui ont ou vont traverser la maladie d'Alzheimer, de l'intérieur ou auprès d'un proche.

Ce livre veut ainsi amener des ébauches de réponses à tant de questions qui restent en suspens, ou encore à celles que les familles n'ont pas le courage de poser lorsque cette épreuve frappe à leur porte.

Bien sûr, il n'a pas la prétention d'être exhaustif, détaillé, structuré comme un guide ou un ouvrage technique. Loin de là.

Ce livre se veut testimonial, dans le partage d'expérience, l'échange de ces moments, situations, et états que cette maladie ne manque pas de convoquer inéluctablement et toujours dans la même funeste chronologie.

Le premier symptôme, la suspicion, le doute, le diagnostic, le déni, la colère, le maintien à domicile, la course éperdue des accompagnants, l'institutionnalisation, la dégradation, la dépendance, l'indignation, l'ambivalence morbide des noirs désirs, la peur, la honte, la tristesse, la lassitude, la résignation, le deuil *pre-mortem*, la fin, la mort, le soulagement. Le deuil.

Il est construit comme la maladie, sans trame ni canevas, seulement un quotidien qui échappe sans arrêt à la logique du temps et des choses simples.

Cette maladie morcelle, éparpille, fragmente, « disrupte » les vies. C'est une maladie quantique. Elle fait exister le temps dans des dimensions inconnues où le passé communique avec le présent dans un continuum fondu. Elle envoie les personnes aux confins de leur espace sans espoir de retour, nous laissant avec des carcasses vides de sens et costumées, accoutrées de manière baroque, comme toi, maman. Je sais que tu n'es pas celle que je visite trop rarement à l'EHPAD. Je sais que tu es ailleurs, quelque part, mais j'espère qu'en m'adressant à ce que la maladie veut bien nous laisser de toi un bout de message te parvient. Parfois, j'espère que toi aussi, tu m'enverras un message que je puisse ramasser dans le flot brisé de tes pensées insensées.

Ce livre se veut ainsi, fragmenté, morcelé, asynchrone, quantique.

Chaque texte part d'un point aléatoire et engage une réflexion plus ou moins fouillée, plus ou moins technique, plus ou moins justifiée.

Il explore beaucoup, survole souvent, approfondit parfois certains sujets.

Celui-ci ne suit pas un fil mais, comme un arbre, lance ses branches dans toutes les directions.

Le tout forme un ensemble qui peut faire sens et amener un regard différent sur la maladie d'Alzheimer.

Il ne se veut ni moraliste ni exemplaire. Chacun est confronté à une situation singulière, qui résulte du type de la maladie qui, on l'a vu, peut avoir des visages différents, et de sa propre équation du face-à-face à venir avec la maladie et la mort. Chacun traverse cet océan furieux et silencieux avec le navire et l'équipage dont il dispose.

Il n'en reste pas moins que certaines constantes pourraient aider à un balisage minimal et à une expertise partagée bienveillante.

Je sais que de nombreuses initiatives existent et sont en train de prospérer.

Elles doivent encore gagner en puissance, comme le montre la solitude qui a marqué notre expérience.

C'est dans tous les cas ce que je souhaite à celles et ceux qui devront emprunter ce chemin douloureux.

Cette seule ambition suffit à ce livre.

Et si celle-ci n'est pas atteinte, ne nous en formalisons pas. Ces écrits resteront alors une pensée soulevée comme la poussière par les pas d'un vagabondage.

Maman, nous allons continuer notre errance ensemble, sautant sur ces pierres de plus en plus rares dans le lit de ta rivière, de plus en plus fougueuse, elle.

Je sais que tu vas t'y noyer et que nous te perdrons un jour.

Entre-temps, comme une douce revanche, une élégante riposte à cette maladie qui croit te confisquer, je t'aurai écrit ce livre pour te dire que je t'aime, maman.

Une question fin-de-toi

Maman, le monde doit être pour toi une vaste flaque où tout est dans tout. Un peu comme le maelstrom cosmique dont parlent les astrophysiciens en évoquant ce qui aurait suivi le big bang et précédé la naissance des soleils et des planètes.

Ton cerveau fait donc machine arrière. Il contredit le sens du temps. Il dissout tout à nouveau dans un grand fluide. Plus rien n'est séparé mais tout réintègre ce Grand Tout que nous avons quitté.

Cela te rassure-t-il ? Cela t'effraie-t-il ?

Tu es perdue. Si perdue !

Je te regarde de très près, tes mains dans la mienne, ton pouce tournoyant machinalement sur le creux situé à la naissance du mien.

Ton regard fixe ne cherche plus rien.

Je t'appelle, tu me regardes et souris encore.

Tu veux me dire que tout va bien, tu veux me dire que tu vas bien.

Tu veux me rassurer, me protéger, me dire que ce n'est pas grave. Que tu perds la mémoire, que ton cerveau se dissout, que bientôt tu ne me reconnaîtras plus, que tu seras incontinente, mais que ce n'est pas grave.

Tu souris et me caresses encore.

Ce n'est pas grave me dis-tu dans ton silence.

Peut-être as-tu raison.

J'assiste à ta noyade, maman, ta main dans la mienne, sans pouvoir te ramener sur la berge.

Je te regarde, maman, t'enfoncer dans le bleu profond de l'oubli et te tiens la main sans pouvoir rien faire.

Mais ce n'est pas grave, me dis-tu.

Maman, tu es en train de sombrer devant moi, ton enfant. Tu me souris encore. Tes yeux se relèvent et s'embrasent, tu souris.

Me reconnais-tu, maman ?

Cette question se pose à chacune de mes visites. Pas à voix haute bien sûr, car parfois ton regard intense que le vide dévore m'assure tristement du contraire. Mais dans le creux de mon cœur, un fol espoir, une attente éperdue, une inquiétude inutile passent et s'envolent, me laissant seul face à l'abîme.

Cette question est si incongrue. Au début de la phrase, je t'appelle maman comme tous les enfants du monde. Puis les mots se tordent et tordent la phrase. La folie surgit, brutale, inattendue, déplacée, me reconnais-tu ?

Comment une mère, une maman, pourrait-elle ne pas reconnaître son fils ?

Comment toi, qui m'as mis au monde dans les cris de tes cris, qui m'a nourri de toi, comment pourrais-tu ne pas me reconnaître ?

C'est une question à renverser le monde et son ordre, une question dont le souffle pourrait emporter tout et le reste. Une question inexorable, inévitable, incandescente.

Une question-à-fragmentation, comme les grenades éponymes dont la triste renommée est liée aux terribles talents de destruction qu'elles possèdent, capables de créer de l'horreur dans l'horreur.

Une question-kamikaze qui se fait exploser, qui me fait exploser, chaque fois qu'elle surgit.

Une question-fin-du-monde, qui balisera la fin du chemin.

Une question-trou-noir, à l'instar de ces monstres célestes dont le mystère n'a d'égale que leur force d'anéantissement.

Une question que je veux combattre, comme je tentais, enfant, de terrasser mon ombre à coups d'épée de bois.

Une question maléfique et taboue.

Une question-fin-de-nous.

Une question-fin-de-moi.

Une question-fin-de-toi.

Tant que la pile fonctionne

Insupportables, impossibles, inimaginables, presque inhumaines. Les pensées qui ont fait leur nid venimeux dans mon esprit n'ont pas leur place dans un monde sain d'esprit. Cependant, elles sont là. Je les repousse, elles reviennent. Je les ignore, elles attendent le bon moment. Elles ont le temps. Je crois les avoir chassées, je les retrouve dans tes yeux, dans tes larmes immobiles.

La fin de vie. Ta fin de vie, mais aussi ma fin de vie.

Maman, nous n'avons jamais échangé sur ce sujet. Pour diverses raisons.

Tout d'abord parce que ce genre de discussion n'a pas lieu d'être pour toi. La fin de vie, pour toi, vient comme elle doit venir. Nous n'avons pas notre mot à dire. Brutale, douce, digne ou non, la fatalité préside à ces ultimes moments.

Pour le décès de papa, emporté par un cancer qui ne cachait pas son dessein, les échanges avaient été contraints par la brièveté du temps qui nous était alloué. Papa n'avait pas de perspective de rémission, nous devions organiser les dernières heures dans un couloir étroit dessiné par trois hauts murs. Celui de l'absence de souffrance physique qui était un impératif premier, d'un consentement éclairé, de dernières minutes confuses – papa était déjà sous morphine – et de l'arrêt du traitement pour ne pas verser dans un acharnement thérapeutique inutile mais déculpabilisant.

En France, les débats sur la fin de vie sont vifs mais lents.

Pour le moment, un droit au « laisser-mourir » a été institué en 2005, puis, en 2016, par la loi dite loi Claeys-Léonetti qui a instauré de grands principes.

Tout d'abord un *droit à la sédation profonde et durable*. Comprenez la possibilité d'injecter au patient ou à la patiente une dose de médicament antalgique (antidouleur) et sédatif (qui entraîne le sommeil) suffisamment importante pour supprimer toute douleur et déclencher une perte de conscience profonde et définitive.

Cette loi permet également la mise en place de *directives anticipées*. Autrement dit, et moyennant un minimum de formalisme, une personne peut établir des consignes afin de définir les modalités de sa fin de vie.

Cette loi a permis également l'arrêt de l'hydratation et de la nutrition afin de ne pas prolonger inutilement l'agonie.

Bien sûr, le chemin est encore long jusqu'aux concepts d'euthanasie ou de suicide assisté.

Toujours est-il que, pour papa, face à l'inéluctabilité des choses, nous avions eu la chance de trouver une place dans une unité spécialisée dans les soins palliatifs, particulièrement moderne, à Antibes, sur les terres même du Dr Léonetti auteur de la loi éponyme.

Cette décision fut prise dans un tourbillon bienveillant nourri de discussions avec papa, mon frère, et toi, maman. Celles avec papa étaient décousues, entrecoupées de somnolence et de confusion liées à la morphine, celles avec mon frère et toi furent courtes et pragmatiques. Nous étions tous d'accord, et le débat se clôtura aussi rapidement que la vie de papa. Ce fut digne, sans douleurs inutiles, dans un confort pratique qui nous permit de profiter des derniers instants.

À l'époque, je ne sais pas si j'étais le seul, mais je pensais à ma propre fin de vie et à la nécessité d'écrire ces fameuses directives anticipées.

Je ne pensais pas à la tienne, maman.

Je te vois aujourd'hui, hagarde, souriante mais seule dans ton ailleurs, et me demande ce que tu aurais voulu si l'on s'était posé la question avant ta dégringolade.

Je suis à peu près certain que tu aurais écarté cette question complexe d'un sourire autoritaire.

Tu veux m'enterrer avant l'heure mon fils ?

Ce genre de questionnement n'est pas trop ta tasse de thé. Une certaine superstition pourrait même sous-tendre ton aversion à aborder ces sujets. Ne parlons pas de cela, cela ne pourrait apporter que le malheur. Parler de sa propre mort, c'est une façon de l'inviter à sa table.

Bref, je suis sûr que, quand bien même j'aurais eu l'envie ou l'idée d'échanger avec toi sur ta fin de vie, tu m'aurais éconduit avec douceur et fermeté.

Dommage !

Dommage, car nous ne saurons jamais si tu désires, acceptes ta vie actuelle.

Nous ne saurons jamais si ces miettes de vie volées à la confusion et à l'amnésie te satisfont. Si ces instants dérobés à l'impensé te suffisent à faire sens, à faire vie. Si tu assumes le mauvais goût des vêtements de prêt de l'EHPAD. Si tu supportes la qualité somme toute moyenne des repas collectifs.

Je te regarde et ne suis pas sûr de la réponse. Vraiment.

Je te vois là, maintenant, dans ta douce folie, interpeller une pensionnaire pour lui proposer une aide qu'elle n'a pas sollicitée, questionner un autre au cri animal sur la nature de sa demande.

Bref, tu vis dans ce chaos, trouvant ta place dans un désordre intérieur et extérieur.

Comment connaître la réponse à cette question que nous ne t'avons jamais posée ?

Que reste-t-il de toi ?

Que reste-t-il de celle qui pourrait juger de ces bouts de vie, de ces bouts de phrases, de ces bouts d'amour, de ces bouts d'horreur qui jalonnent tes journées ?

Qu'aurais-tu pensé si, par une malice du temps, tu avais pu te regarder devenir cette étrangère à toi-même ?

Aurais-tu pris un peu plus au sérieux cette question de la fin de vie ?

Aurais-tu accepté d'échanger sur l'intérêt de ces journées impensées, de cet imbroglio temporel qui malaxe dans un même gruau le passé lointain et la minute qui vient de t'échapper ?

Aurais-tu pu surmonter tes peurs et tes croyances pour te poser cette question simple et terrible : à partir de quel degré de dépendance ou de souffrance désirerais-tu arrêter de vivre ?

Nous n'aurons pas la réponse, nous n'aurons pas une réponse claire, *un consentement éclairé,* comme on dit.

Quant à nous, il nous reste à gérer ce quotidien baroque, où l'on te cherche dans ce corps minuscule, mais toujours trop grand, pour ne pas t'y perdre. Tapie au fond d'un sourire ou d'une larme, nous ne sommes pas sûrs de te retrouver et si nous y parvenons, ce n'est que pour quelques secondes fugaces.

De visite en visite, nous te perdons un peu plus à moins que cela ne soit le contraire. Au fond, n'est-ce pas toi qui t'enfuis loin du bruit de ta vie, loin de nos regards aimants et terrifiés ?

Et si c'était cela ta réponse ?

Et si nous devions comprendre le non-dit, l'implicite ?

Si tu voulais continuer à vivre, persévérerais-tu à t'enfoncer dans le noir ? Si tu tenais à cette vie, continuerais-tu à la fragmenter tel un kamikaze à la ceinture bardée d'explosifs ?

Ou bien, ce questionnement n'est-il que le reflet de ce désir obscur, indigne, d'abréger le bout du chemin ? Est-ce nous qui projetons nos limites, notre incapacité à supporter ton déclin, à digérer le chaos ?

Chez tous les accompagnants de malades comme toi, maman, la question des conditions de la fin de vie, lorsqu'elles n'ont pas fait l'objet d'une réflexion anticipée, formalisée ou non, creuse un trou béant. Un trou silencieux qui absorbe tous les cris de souffrance, d'injustice, d'indignité que chacun, dans sa confrontation à la maladie et à la mort, est en droit de faire entendre.

Avec le recul, il eût été judicieux d'insister auprès de toi, nous servant de l'exemple de papa, pour préparer l'impensable.

Je sais, quant à moi, que je ne voudrais pas de cette dépendance. Je le sais et j'ai pris les mesures afin de clore le chapitre de ma vie si elle prenait une tournure trop éloignée de ma conception de la dignité. Nous devons anticiper ces situations inattendues et indésirées. Nous devons le faire pour nous, pour rester maîtres de nos vies autant que nous le pouvons, mais aussi pour notre entourage.

Quel paradoxe serait celui d'obliger les miens à supporter, en cas de grave accident médical, une fin de vie lourde, indigne, qui ne m'intéresse pas et que je refuse ?

Ce serait une triple peine.

M'imposer de survivre dans des conditions que je ne désire pas. Imposer la charge de cette dépendance à mon entourage qui n'a rien demandé. Et, cerise sur le gâteau : l'imposer alors que justement je ne la désire pas.

La fin de vie est une question *essentielle*, qui fait donc partie de notre essence.

Tu en sais maintenant peut-être quelque chose, maman, dans ton joli jogging rose.

La tienne n'est pas balisée. Nous l'avons laissée dériver au gré des aléas de ta maladie, de ta volonté de ne pas la reconnaître, de notre incapacité à échanger sur les conséquences de ce désastre silencieux.

Je m'en veux d'avoir été obnubilé seulement par ton présent, ton diagnostic, les choix qu'il nous imposait, ton maintien à domicile, ton institutionnalisation, les exigences qu'il nous infligeait. Je m'en veux de ne pas avoir, à temps, su choisir un moment où nous aurions peut-être (je reste prudent) échangé sur tes volontés, tes désirs. Je sais qu'il aurait fallu être subtil, ce que je ne suis pas certain de pouvoir être, et ne pas lier cette discussion à tes oublis semant le trouble dans la famille.

Mais nous aurions pu évoquer la démarche entreprise autour de papa, ses avantages, ses bénéfices. Nous aurions, timidement, établi un parallèle avec ton futur, lointain, très lointain, et simplement exprimé le souhait de connaître ta volonté, ton envie.

Comment verrais-tu les choses si, un jour, hypothèse tout à fait improbable, maman, tu étais confrontée à la maladie et à la dépendance ?

Désirerais-tu savoir ? Désirerais-tu rester maîtresse du jeu comme tu l'as toujours été ?

Au contraire, préférerais-tu t'épargner la lourdeur sentencieuse de la vérité et garder l'insouciance naïve de l'ignorance ?

Nous n'aurons pas tes réponses et nous sommes condamnés à gérer l'ingérable, ta dégradation et notre complicité à l'accompagner.

Plus dur encore, nous devons supporter l'ambivalence vicieuse de nos pensées. Le désir de te garder le plus longtemps auprès de nous ou celui d'abréger ton agonie et éviter les ultimes indignations de ta déliquescence.

Envisager que la mort de sa mère ne serait pas une si mauvaise nouvelle est une pensée venimeuse. Elle installe une odeur putride dans l'esprit de l'enfant que nous restons tous.

Cette maladie, non contente de te réduire en bouillie jour après jour, maman, possède ce maléfique pouvoir de pervertir l'esprit des aimants les plus dévoués.

Poussant l'entourage aux limites du supportable, la maladie d'Alzheimer instille ainsi le poison dans les têtes.

De la simple question « comment cela finira-t-il ? », on glisse facilement à un « quand cela finira-t-il ? ».

De là, l'effondrement moral guette et l'on peut en venir à imaginer, une chose en entraînant une autre, qu'il serait peut-être souhaitable que cela ne durât pas une éternité, que survivre incontinente, démente, douloureuse, les escarres à ciel ouvert, tant que le cœur fonctionne, « tant que la pile fonctionne », comme disait un infirmier de nuit du temps de mon internat de médecine, n'est pas une fin de vie digne de toi ni d'une autre maman.

Et c'est simplement vrai.

Mais alors, la boîte de Pandore est ouverte.

À partir de quand, maman, ta dignité s'envolera-t-elle assez haut pour que nos pensées les plus sombres soient, sinon pardonnées, en tout cas reconnues légitimes ?

À partir de la première fugue ?

De la première incontinence urinaire ?

De tes premières larmes ?

De mes premières larmes ?

Des premières larmes muettes de tes petits-enfants ?

De la première fois où tu ne m'as pas reconnu ?

Du premier sous-pull rayé prêté par l'EHPAD ?

De la première escarre ?

De la première escarre inguérissable ?

Qui décidera du franchissement de la limite infranchissable ?

Qui sifflera la fin de ce combat perdu d'avance, ne générant que des vaincus ?

Qui nous prendra par l'épaule et nous dira, c'est bien, vous avez fait ce qu'il fallait, maintenant il est temps de la laisser partir ?

J'aimerais tant que ce soit toi, ou papa s'il était là.

Je ne sais pas si je suis le seul à me poser ce genre de questions morbides, cependant je me les pose. Elles me hantent même, elles me mutilent, jouant de leur perversité morbide et incestueuse.

Ne sachant plus trop ce que tu perçois, maman, j'ignore si tu le vois dans certains de mes regards.

Je l'imagine parfois et me dis que cela doit être terrible pour toi de percevoir ne serait-ce que l'ombre de ce questionnement funeste.

Voir son propre fils envisager sa mort doit être insoutenable pour toi.

Se voir comme ce fils questionnant la prochaine mort de sa mère est encore plus insoutenable pour moi. C'est pourtant mon quotidien et celui de beaucoup d'accompagnants.

La question de la fin de vie est une question sociétale importante. Elle mérite une attention particulière afin de préparer les familles de plus en plus nombreuses à être touchées par ces maladies neurodégénératives et dont l'un des membres se réifiera un jour ou l'autre.

Chaque entrée d'une personne dans cette classe de maladies doit exiger un cadre où l'on envisage, avec toutes les subtilités nécessaires, la fin de vie de la personne.

Créer les conditions de l'échange afin de laisser s'exprimer les désirs et les visions des patients.

Éduquer l'entourage aux perspectives douloureuses et aux solutions légales existantes.

Libérer la parole des interdits déplacés.

Envisager sereinement, au moment où cela est encore possible, les conditions de dignité indispensables à toute vie humaine.

Bref, faire tout ce que l'on n'a pas fait pour toi, maman.

Toi, tu es là, du moins des bouts de toi sont là. Jusqu'à la fin que nous ne déciderons pas, nous les ramasserons et les recollerons tous les jours comme nous le ferions d'un jouet tombant sans cesse de son étagère.

Tant que la pile fonctionne.

Tu ne te rendras pas

Je viens de raccrocher avec ton médecin traitant, maman. Il ne veut pas entendre que nous sommes inquiets devant tes troubles de la mémoire semant un désordre croissant dans ton quotidien.

Ne vous en faites pas, votre mère a un petit coup de mou suite au décès de votre père, c'est tout. Il faut la comprendre. Des vitamines, un peu de stimulation et le tour sera joué. Bien sûr !

Et pourquoi pas cinq fruits et légumes par jour, tant qu'il y est ? J'ai beau tenter d'avancer poliment que cette maladie fut mon sujet de thèse et que je crois reconnaître les craquements lugubres de l'effondrement à venir, rien n'y fait. Il n'y croit pas une seule seconde. J'entends même une certaine condescendance quant au fait qu'il pratique la médecine générale depuis trente ans, ce qui n'est pas mon cas.

J'avale la couleuvre avec politesse mais sans conviction.

Après tout, cela ne change rien à ton avenir, maman, aucun traitement n'étant disponible à ce jour, que l'on te diagnostique aujourd'hui ou dans six mois n'a aucune espèce d'importance. Il n'est même pas complètement sot de penser que chaque journée gagnée sur l'échéance fatidique qui accrochera définitivement ton sort à celui de cette maladie d'Alzheimer est une journée volée au désastre.

Alors laissons faire et faisons semblant de croire benoîtement à l'assurance maquignonne de ce médecin généraliste tout en prenant les bonnes décisions te concernant.

Cette situation me rappelle que, malgré les trente années qui se sont écoulées depuis ma soutenance de thèse sur cette maladie, les choses semblent ne pas avoir beaucoup évolué. Les patients et leur famille sont toujours quelque peu seuls et bien démunis face à l'épreuve.

À l'époque, la maladie d'Alzheimer n'était qu'un nom aux consonances militaires dont le venin prometteur n'intéressait que peu le grand public.

Depuis, beaucoup de choses ont changé, même si la Covid a poliment tout balayé depuis deux ans, cette maladie neurodégénérative touchant une part de plus en plus importante d'une population de plus en plus vieillissante s'est imposée dans le paysage sanitaire mondial.

Ainsi de nombreuses politiques nationales ou internationales ont été engagées, des fondations, des programmes, des parcours de soins sont à l'œuvre, et même une Journée mondiale de la maladie d'Alzheimer a été décrétée. M'étant éloigné du sujet durant une bonne partie de ces trente années, je pouvais légitimement attendre des avancées significatives dans la prise en charge des patients.

Mais ce n'est pas le cas. Nous sommes peut-être responsables de cette situation, quoi qu'il en soit, il faut se rendre à l'évidence, et rapidement. Nous nous sommes retrouvés seuls. Sans repères ni balises. Sans accompagnements ni conseils. Avec Internet comme seule base de données.

Il ne s'agit aucunement de jeter la pierre à quiconque mais de constater que la prise en charge du patient et de son entourage mérite encore d'être travaillée.

Comme il y a trente ans, les solutions trouvées par les familles comme la nôtre sont le fruit de la résilience familiale, de la disponibilité, de l'expertise du réseau médical avoisinant et du hasard. Ce hasard veut que je sois médecin, ce qui, dans cette maladie comme dans toute autre, facilite grandement la chose médicale, même si mon rapide entretien avec ton médecin généraliste prouve que ce n'est pas la panacée.

Dans un monde idéal, j'imagine qu'il serait assez simple, une fois le diagnostic posé, d'établir clairement un parcours de soins. Dès les premiers symptômes, l'issue fatale étant connue, on pourrait baliser le chemin du patient et de ses accompagnants.

Ainsi, tout le long de cette épreuve, l'expertise et les ressources nécessaires aux différentes étapes seraient déployées. Le diagnostic définitif, les premières aides, les examens complémentaires, le suivi médical, le maintien à domicile, la prise en charge des aidants, la constitution des dossiers administratifs ouvrant les droits, la recherche d'une institution, l'institutionnalisation, la dégradation, l'issue fatale, tout serait anticipé, conçu, préparé, apprivoisé. Pour cela, nous pouvons imaginer une équipe pluridisciplinaire territorialisée comprenant un(e) médecin spécialisé(e), un(e) psychologue, un(e) assistant(e) social(e), un(e) infirmier(ère). Cette équipe suivrait régulièrement l'évolution de la maladie, répondrait aux questions angoissées des accompagnants, proposerait, grâce à la connaissance exhaustive des dispositifs existants, des solutions adaptées à chaque situation.

Bref il s'agirait de mettre en place un vrai dispositif opérant, actif, et ce du premier au dernier jour de la maladie pour les deux millions de personnes et de familles atteintes par la maladie. Ainsi épaulées, elles ne seraient plus seules, démunies face à une situation dantesque aux conséquences individuelles, familiales, voire sociales, importantes.

J'ai même l'intuition, certainement crédule, que les ressources humaines et structurelles existent déjà, qu'il ne manque que la volonté politique organisationnelle et coordinatrice.

Cependant la réalité de notre histoire me démontre que, comme dans un naufrage, c'est le sauve-qui-peut qui l'emporte. Chacun pour soi et la débrouille pour tous !

Alors, fort de cela, fort de mon passé de thésard intéressé par la démence sénile et malgré le dédain de ton médecin généraliste, je prends l'initiative. Je veux t'évaluer sérieusement et dans un délai assez court. Notre famille a besoin d'un avis éclairé. Les discussions sont nombreuses, les questions sont inquiètes, les réponses, les sous-entendus ou les silences tout autant.

Nous avançons en crabe. Parfois, au fil des échanges, le piolet de la maladie d'Alzheimer se plante dans la carapace d'une incrédulité légitime, et devant l'émotion suscitée, les discussions s'arrêtent.

Bref la famille est en train de s'acclimater à l'idée que tu es malade et que tes tendances oublieuses ne sont pas le fruit de ta simple avancée dans l'âge.

Pas simple.

Cette maladie effraie et ne trouve pas sa place dans les scènes jouées par ton personnage de grand-mère encore très active, souriante, aimante et nourricière. Les images convoquées par cette maladie sont répugnantes, alliant sénescence, décrépitude, dépendance putride et bien pire encore.

Toi, tu es là, souriante, solaire pour nous tous. La juxtaposition des images est insoutenable pour nous et le sujet est un tabou sur lequel nous naviguons avec beaucoup de prudence.

La résistance, le déni protecteur sont des mécanismes légitimes. Ils se doivent d'être respectés. Alors nous les respectons et avançons avec grande prudence sur ce chemin de crête entre les abîmes de la démence et du désespoir.

Cependant il est temps.

Il est temps de marquer un point sur la carte géographique de ta randonnée funeste, celui du diagnostic officiel, labellisé, validé. J'ai procédé par deux fois à cette démarche diagnostique avec le MMS ou test de Folstein.

Par deux fois, le test est, à mon sens et au vu du contexte, sans équivoque.

Mais je suis ton fils, je suis le frère, je suis le père, je suis l'oncle. Et ce n'est pas simple. Le fardeau est lourd. La sentence définitive qui t'attend est une condamnation sinistre à la liquéfaction cérébrale et à son corollaire de scènes difficiles. Alors je veux bien laisser la pesanteur de cette sombre sanctification de ton avenir à une personne *ad hoc*. Ton médecin traitant n'étant visiblement pas celle-ci, une idée s'impose à moi, retrouver mon directeur de thèse toujours en activité en tant que médecin gériatre et chef de service à Bordeaux, le Dr Arnaud Decamps.

Aussitôt dit aussitôt fait.

Je le retrouve, nous sommes ravis d'échanger au téléphone même si le sujet ne prête pas tellement à sourire. Un rendez-vous est pris.

Je trouve le moyen de te convaincre de venir passer quelques jours à Bordeaux, y intégrant une consultation médicale spécialisée.

J'aborde avec toi les problèmes de mémoire que tu nies et trouve un terrain d'entente sur ta tristesse récurrente depuis le décès de papa. Demi-vérité, demi-mensonge, qui nous permet de trouver un accord diplomatique.

Je ne mens pas mais ne dis pas tout, compromis acceptable à mes yeux de fils et de médecin. Après tout, je te trouve quelque peu déprimée et l'idée que cet état dépressif puisse être, sinon à l'origine, tout au moins un facteur aggravant de tes troubles de la mémoire, n'est pas dénuée de vérité. Bien sûr, j'omets gentiment de te rappeler qu'il fut mon directeur de thèse et que son expertise se concentre autour de la maladie d'Alzheimer.

Tu acceptes donc l'idée de te rendre à Bordeaux et de rencontrer ce médecin spécialiste des personnes quelque peu âgées, quelque peu car tu es susceptible sur cette notion.

Toi, consulter un gériatre, non mais quoi encore !

Nous voici donc dans le bureau du Dr Arnaud Decamps. La consultation est simple et la conclusion sans appel. Tu es atteinte, dans une forme déjà avancée, d'une dégénérescence neurocérébrale responsable de tes troubles cognitifs.

Le diagnostic de maladie d'Alzheimer est hautement probable.

Le Dr Arnaud Decamps, formidable clinicien humaniste, tente, par touches, de te sensibiliser à cette réalité. Il prend des détours, explore des chemins, ose, mais se rend vite compte que tu es un mur infranchissable.

Malgré l'évidence, tu réfutes tout.

J'assiste à la scène amusé. Le Dr Decamps me regarde et s'amuse aussi. Fin thérapeute, il n'insiste pas devant ton déni absolu et total. Il l'absout de ce doux sourire dont il ne se départit jamais.

Nous repartons, maman, bras dessus, bras dessous, mais dans deux mondes parallèles.

Pour ma part, je me rends compte que malgré moi un dernier espoir subsistait. Il vient de s'envoler sans bruit, tirant un trait sur ta fin de vie, notre fin de vie, celle avec tes petits-enfants et tes arrière-petits-enfants. Tu n'as que soixante-quinze ans et tu aurais pu profiter de tout cela encore longtemps. Ce ne sera pas le cas. Tu ne les verras pas t'aimer, puis un jour tu ne les verras plus du tout parce que ton cerveau ne te le permettra plus.

Ils ne te verront pas les aimer, puis un jour ils ne te verront plus du tout parce que cela sera trop dur pour eux.

Tu as pourtant encore tellement de choses à donner.

Mais cette maladie te kidnappera bientôt pour cet ailleurs qu'est la démence.

Quant à toi, tu te réjouis, radieuse, fière, presque revancharde.

Bon, j'avais raison, mon fils. Ton médecin, il a dit que tout allait bien. Tu t'inquiétais pour rien. Il ne m'a même pas parlé de ma déprime. Tu es sûr que c'est un spécialiste ? En tout cas, il a dit que j'allais bien.

Non, maman, il n'a pas dit tout à fait cela. Il a trouvé que tu avais des troubles de la mémoire, que tu étais un peu déprimée, que les choses étaient parfois un peu confuses pour toi, que tu avais du mal à te repérer dans le temps et dans l'espace, que… Oh, là, là, mais que tu es casse-pieds. Allez, laisse-moi tranquille et rentrons à la maison, mes petits-enfants m'attendent.

J'imite le Dr Arnaud Decamps, souris et referme le chapitre.

Tu es confirmée Alzheimer et ne le sauras jamais, ta façon à toi de dire à cette maladie qu'elle peut tout te prendre, et c'est d'ailleurs ce qu'elle fera, mais que toi, tu ne lui accorderas pas le plaisir de la reconnaître.

Assaillie, encerclée de l'intérieur, tu ne mettras jamais un genou à terre, tu n'abdiqueras pas, tu nieras jusqu'au bout, c'est ta seule carte, la seule arme qu'il te reste.

Toi, la cheffe de meute, la forte tête, la cadette au caractère trempé, tu n'accepteras pas cette inversion de paradigme t'assignant le rôle du fardeau, de l'assistée.

Plutôt t'évader de toi-même.

Peut-être ta façon de nous dire, de dire au monde la dignité sans concessions que tu exiges et exigeras jusqu'à la fin.

Tu ne te rendras pas.

Perdu en mère

Maman, tes yeux suspendus à un fil, ton sourire qui surgit comme une source chaude et anime un visage qui cherche son destin sont autant de morceaux de toi que je ramasse autour de mes souvenirs. Tu es en miettes dans le temps et dans l'espace. Des bouts de toi sont semés dans les jardins de la mémoire, dans les couloirs de l'histoire, dans cette prison pouilleuse de la maladie. Un peu de ceci par ici, un peu de cela par là.

Puis, autour, le vide, le silence.

Je suis perdu en mère.

Le cénotaphe et l'ambulance

Un appel de Nice, tôt le matin. Je regarde mon téléphone et attends quelques secondes avant de décrocher. Je sais, je sens que ce n'est pas une bonne nouvelle. Les appels ordinaires de Nice se font plus tard dans la journée.

Au temps d'avant, celui où les pinces du cancer n'avaient pas attrapé papa par les bretelles et ne l'avaient pas encore balancé par-dessus bord, celui où cette maladie mangeuse de cervelle n'avait pas jeté son dévolu sur la tienne, maman, les appels niçois pouvaient surgir à n'importe quelle heure du jour ou de la nuit. Ils étaient porteurs intrinsèquement de la vie, du soleil, de la bonne chère. Une visite impromptue qui se transformait en débarquement joyeux, une surprise exposant son amour ou ruminant son tendre assaut à venir, les initiatives niçoises portaient toujours en elles la chaleur méditerranéenne.

À cette époque, la France était traversée d'un bond, d'un sourire, d'une envie. Les mille kilomètres entre Nice et Bordeaux étaient avalés spontanément après un dernier coup de fourchette et un verre de rosé. Parfois même, cela vous prenait, à papa et toi, en fin de journée, dans le velouté du bleu vespéral enveloppant les altiers palmiers de la promenade des Anglais. Alors, vous sautiez dans la voiture et vous vous enfonciez dans la nuit. Mais le temps a passé, une maladie incurable a frappé les palmiers de la promenade. Ils sont tous morts. Papa aussi. Et toi, tu t'enfonces dans une nuit encore plus profonde.

Ainsi va l'univers, les palmiers de la promenade des Anglais, papa, et toi, maman. Au bout le chaos, dirait Edgar Morin.

Le caractère matinal de cet appel signe sa gravité.

Les secondes s'écoulent, à l'autre bout de l'univers une étoile s'est effondrée, il faut répondre, il faut décrocher, faire face.

Il faudra digérer la mauvaise nouvelle, quelle qu'elle soit. Il faudra envisager l'ensemble des bouleversements que celle-ci, encore inconnue, va déclencher dans nos vies, celles de tes petits-enfants, celles des étoiles.

Je décroche. La voix de mon frère est celle que j'attendais. Basse, simple, résignée. L'EHPAD a téléphoné, tu as été retrouvée ce matin, « inerte ». Une probable hémiplégie gauche et un mutisme inhabituel. L'accident vasculaire cérébral est l'explication la plus probable. Les pompiers ont été appelés. L'attente commence.

J'appelle l'EHPAD, confirme l'hypothèse de l'AVC et saute dans un avion.

Tu m'accueilles dans un sourire solaire. Les mots ne sortent pas mais le silence est assourdissant de plaisir. Tu souris, tu ris même. La chambre est austère et a bien du mal à contenir ta joie et ton bonheur. Tu irradies.

Tu as passé la nuit dans cette chambre des urgences. Tu n'es pas seule mais cela n'a aucune importance, tu es heureuse. Formidablement heureuse. Tu es présente dans le regard, dans les gestes. Ton bras gauche est maladroit et quand tu le jettes à l'assaut de mon visage que j'approche pour recevoir tes caresses, il manque sa cible plusieurs fois.

Et lorsque tes doigts parviennent à effleurer mes lèvres, gentiment, je ne sais pas si cela était ton but, je ferme les yeux. Je me dis que je n'ai pas souvenir de ce genre de démonstrations de tendresse et que j'ai de la chance d'être là, avec toi.

Ta jambe gauche ne répond plus très bien non plus et la tentative de « verticalisation » est un échec.

Enfin, la parole est rare et difficile, mais les mots sortent de manière sensée. Le trouble du langage envisagé dans le diagnostic initial existe bel et bien mais n'est pas avéré.

Le tableau n'est donc pas brillant, mais pas si dramatique que je pouvais le craindre.

Et puis tu es là et bien là. Tu sembles heureuse de l'être. Tu me fais penser à ces rescapés tirés de l'eau qui se jettent dans les bras de leurs sauveteurs. Tes rires sont des remerciements jetés aux visages de tous et de toutes.

Ton cerveau a encaissé la déflagration avec souplesse. Une artère s'est bouchée quelque part dans sa partie droite. Dans les premières heures, tu avais, m'a-t-on rapporté, une paralysie faciale et une hémiplégie patente. Tu ne parlais plus, ta joie s'était envolée ainsi que ton regard. Ce n'est pas ce que je constate.

Les troubles ont donc déjà régressé, ce qui est encourageant pour la suite !

Cette récupération presque magique et ton sourire radieux donnent l'impression que tu as conscience de t'en être plutôt bien sortie.

As-tu cette conscience ? En as-tu un morceau seulement ? Quelques-unes de tes milliards de cellules ont-elles ressenti le vent de la fin, de leur fin ? Sont-elles joyeuses elles aussi ? La partie valide de ton cerveau se réjouit-elle de sa résistance à cet assaut qui aurait pu, aurait dû être fatal ?

En tout cas, avec le médecin des urgences et en l'absence de gravité et de thérapeutique adaptée, sinon la mobilisation et la socialisation, nous prenons notre décision sur-le-champ.

Tu remontes à l'EHPAD afin de reprendre un quotidien qui, dans ton cas, est un fil d'Ariane vital.

Quelques heures plus tard, nous voici donc dans ta chambre, guère plus joyeuse que celle des urgences, mais c'est la tienne. Les cadres des photos de famille ne sont toujours pas accrochés au mur mais c'est ta chambre, ta grotte, ta tanière. Une seule photo y trône, tu y es aux côtés de Jonny Wilkinson, la star la plus française du rugby anglais. Tu m'avais demandé de réaliser cette photo lors d'un match du RC Toulon entraîné alors par Bernard (Laporte) que tu aimais bien. Bernard, à qui je l'avais demandé et qui te rendait ton affection, s'était fait un plaisir d'organiser une petite mise en scène où ton héros était venu vers toi pour cette photo mémorable, aujourd'hui mémorielle, sacrée comme un dernier totem au milieu des ruines. Jonny, sans le savoir, prenait ancrage dans ta fin de vie et s'engageait à veiller donc sur toi, ta sénescence et maintenant sur les conséquences de ton AVC.

Il tient parole en cette fin d'après-midi glacée de novembre. Pendant ce temps, où tu échanges peut-être quelques souvenirs avec lui, la cérémonie de panthéonisation de Joséphine Baker se déroule en direct sur ton téléviseur allumé. Je m'y intéresse quelques secondes.

L'hommage est grandiloquent, à la hauteur de ce personnage romanesque, admirable, dont je découvre une bonne partie du courage, de l'exemplarité et de la noblesse.

Les hommages se succèdent tous aussi émouvants les uns que les autres. Tu regardes distraitement entre deux somnolences, quelques œillades vers Jonny et des sourires béats. Cependant tu me tiens la main vigoureusement et sans relâche.

Dans une symétrie dont les lois de l'univers ont le secret, un autre manège honorifique que celui se déroulant autour de la mémoire de Joséphine Baker se met en route, celui du défilé du personnel de l'EHPAD dans ta chambre.

Agent de service, aide-soignante, infirmière, psychologue se relaient à ton chevet et, telle une reine, tu reçois leurs honneurs avec hauteur et chaleur. Tu ris aux éclats et lâche un ou deux mots inespérés au vu des nouvelles médicales connues de chacun et chacune d'entre eux.

Ils sont émus par ton retour. Ils ont eu peur eux aussi.

Peur de te perdre, c'est une vérité douce qui envahit la chambre. Les quelques mois que tu as passés dans cet EHPAD ont tissé des liens forts et si la nation reconnaissante recouvre de bleu-blanc-rouge l'histoire de cette jeune migrante américaine, métisse, danseuse de cabaret, l'EHPAD, tout aussi reconnaissant, te rend hommage par cette armée chaleureuse de personnel soignant.

Joséphine Baker est morte et panthéonisée, tu es survivante et honorée par le personnel de l'EHPAD.

La danseuse à la ceinture de bananes controversée a conquis les cœurs de la nation tout entière, toi, tu as conquis les cœurs de ces gens simples t'accompagnant sur ce chemin sans retour de ta fin de vie, œuvrant à ton chevet et à celui de tous et toutes tes semblables.

Ils sont sincères et bienveillants, cela m'émeut et me fait du bien. Durant tout ce ballet, tu ne lâches pas ma main, ils entrent, te prennent l'autre, me parlent, te parlent, tu ris, tentes de parler, puis y renonces, en apparence du moins.

Peut-être les remercies-tu dans de longs monologues inarticulés ?

Tu les regardes, me regardes, ris encore silencieusement aux éclats, et me serres un peu plus fort la main. Ils sont contents, font chanter leur accent plein de soleil dans des anecdotes qui te racontent au quotidien. L'air amusé, ils louent tous ton sourire, aussi apprécié que ton regard noir est craint. Elle a du caractère, votre maman. Il est des moments où il ne faut pas la contrarier. Quand elle ne veut pas quelque chose, elle ne veut pas ! Oui, et je m'en réjouis. Tu es toujours là, en morceaux, mais toujours là.

Tu es en vie, sous le regard bienveillant de Jonny Wilkinson et du personnel aimant.

Je les remercie en silence. Je mesure cette chance de te savoir bien entourée.

Le cénotaphe de Joséphine Baker est entré au Panthéon et toi, tu es revenue à l'EHPAD en ambulance. La mort a accueilli une seconde fois l'artiste tandis qu'elle te refusait une première fois. À moins que ce ne soit toi et ton regard noir, remarqué par le personnel de l'EHPAD, qui l'aient envoyée bouler d'un revers de ta main valide. Tu as du caractère et quand tu ne veux pas quelque chose, tu ne le veux pas !

Je te dis au revoir. J'ajoute que je reviendrai dans trois semaines, pour Noël, sans savoir si tu seras là ou si une mauvaise nouvelle précipitera une fois encore les choses de ta fin de vie.

Je pleure encore une fois. Tu ris encore une fois.

Avant de partir, je te dis que j'écris un livre sur toi et sur ta maladie.

Tu me regardes, tu me souris et me serres encore plus fort la main.

Je suis sûr que tu aurais aimé ce livre qui, pourtant, n'existe que parce que tu ne pourras jamais le lire. Ainsi va l'infinie complexité de la vie.

Au revoir, maman.

Table des matières

Composition
PRESS·PROD

Imprimé en Espagne
Dépôt légal : septembre 2022
N° d'impression : 01
ISBN 13 : 978-2-7499-5073-0
LAF : 3266